Ⓢ新潮新書

石破 茂
ISHIBA Shigeru

日本列島創生論

地方は国家の希望なり

712

新潮社

はじめに――革命は地方から起きる

日本はすでに有事

いまは有事である。

冒頭からこのように申し上げると、何だそれは、と思われるでしょうか。「この本は『日本列島創生論』じゃなかったのか。それなのにまた尖閣だの集団的自衛権の話をしようとでもいうのか」

多くの方がそのような疑問を持たれるかもしれません。

しかし、私は冗談で申し上げているのでもありませんし、突飛な表現で読者の皆さんを脅かすつもりもありません。

国立社会保障・人口問題研究所の発表によれば、このままの出生率が続けば、二百年後には日本の人口は千三百九十一万人、三百年後には四百二十三万人、西暦二九〇〇年には四千人、三〇〇〇年には一千人となるそうです。もちろん、これはあくまでも机上の計算で、出生率が上がらなければ、という前提ですから、実際にどうなるかはわかりません。また、西暦三〇〇〇年なんて先の話は、想像すらできないし、する必要もないと思う人もいることでしょう。

ただし、出生率の低下が国家の存亡にかかわることであると実感するには、有効なシミュレーションではないかと私は考えています。

国家の存立要件とは何か。それは三つあります。

国土であり、国民であり、排他的統治機構です。

その大切な国民がこのまま事態が進めば、静かに消えていく。

これを有事と捉えない理由があるでしょうか。

私は長年、安全保障の分野に携わってきました。

安全保障政策に関しては、自民党と他の党とで必ずしも意見、立場が完全に一致するわけではありません。二〇一五年の国会で、安全保障法制に関して合憲か違憲かといった議論が激しく行われたのはご承知の通りです。

それについては様々なご意見があるのでしょうが、少なくとも「日本国を守るため」「領土を守るため」「平和を守るため」に国家がベストを尽くすべきである、という前提はほぼすべての国会議員、国民が共有していると私は信じています。意見が分かれるのは、あくまでもその目的を達成する手段、プロセスに関する見解の相違によります。

国土を守る、国民を守ることの重要性については、ほぼすべての国民が理解している。だからこそ、尖閣や北方領土、あるいは拉致問題について、多くの人が熱心に議論し、あるいは行動をとっているわけです。

ところが、事が人口問題となると、そのような「熱さ」は感じられません。静かに、確実に進行している危機に対しては、まだどこか他人事のようなところがある。

しかし、それでいいはずがありません。

この問題もまた国の存立にかかわっているのです。

敵国が攻めてくるとか、領土を奪われるといったことは、現段階では「起こりうるリスク」です。そのリスクを極力、低減するために、私たちは外交的努力を続け、国内では様々な法案を整備し、自衛隊の力をつけるように努力しています。

一方で、人口問題はすでに「起こっていること」であり、現在進行形の問題です。にもかかわらず、政治家も国民もまだ危機意識が薄い。

だからこそ有事である、と私は申し上げているのです。

子孫に負債を残すな

いささか大上段に振りかぶってしまったかもしれません。私自身、地方創生大臣に任命されるまでは、漠然とした危機感は持っていたものの、ここまでの事態になっているとは思っていませんでした。その点は不明を恥じるばかりです。

「百年後なんて先の話をされても……」と思う方もいることでしょう。しかし、危機はそんなに先の話でもないのです。

超高齢化、少子化の問題は地方に先にやってきています。これまで日本では人口、食料、エネルギーは地方が生産し、それを大都市が消費するという構造にありました。

高校まで地方で学んでいた学生の多くが、大学進学とともに東京や大阪など大都市に出ていき、戻ってきません。農業や漁業などの一次産業が地方にあるのは言うまでもないでしょう。そして福島の例を挙げるまでもなく、ほぼすべての発電所は大都市以外に立地しています。

その大切な地方が、消滅しつつある。そのことを具体的なデータとともに示したのが、二〇一四年に刊行された『地方消滅』（増田寛也編著・中公新書）でした。詳細は後でまた述べますが、地方だけが消滅して、都市圏は安泰などという虫のいい話はありません。地方で起きたことは、確実に大都市圏でも起きます。

人材、食料、エネルギーの生産の場だけが衰退して、消費の場だけが繁栄するなどということがあるはずがない。二十年程度のタイムラグはあるにせよ、確実に東京も消滅に向かいます。地方の出生率が下がれば、東京に供給できる人数も減ります。

「どうせ俺の生きているうちは大して変わらないから、知ったことではない」

そう考える人もいるかもしれません。もちろん、個人としてそのような考え方を持つのは自由です。たしかに、現在の中高年が生きている間は、ギリギリなんとか日本はもつかもしれません。

しかし、それで良しとするということはすなわち今の子どもたちに対して、大きな負の遺産を残したまま、責任を放り出したまま、死んでいくということです。個人のレベルはいざ知らず、少なくとも政治家はそのような立場を取るべきではないでしょう。聞くところでは「こんな暗い未来を子どもたちに見せたくない。だから子どもは作らない」と考える若い人もいるそうです。それでさらに出生率が下がるようであれば、まさに悪循環です。

領土が侵犯されるリスクや、原発事故のリスクよりもはるかに高い確率で、いや確実に到来する危機が目の前にあるのです。人口減少は「起きるかもしれないリスク」ではなく、確実に来ることがわかっている事態です。これを危機と呼ばずして何を危機とすればいいのだ、と思います。

人口減少楽観論の間違い

人口が減少することを悲観しなくてもいい、という人もいます。

「そもそも狭い国土に一億数千万人もいるから窮屈なんだ。明治時代の人口は四千万人。そのくらいでもいいじゃないか」

こういう論理です。たしかに一見、説得力のある意見です。家も広くなりそうですし、通勤電車も混まなくなるから、いいような気もします。しかし、これは人口の「数」のみを見て、「中味」を見ていない議論だと言わざるをえません。

明治時代半ばの人口四千万人のうち、高齢者の占める割合はごくわずかです。当時の平均寿命は四十代前半。だからこそ明治以降、日本の人口は爆発的に増えました。明治維新から百年間で三倍になったのです。

戦後、一九五〇年においてすら日本の高齢化率（人口のうち六十五歳以上の占める割合）はわずか四・九パーセントでした。それがもう二五パーセントを超えています。

おそらく明治時代の老人、昭和の老人よりも今のシニア世代のほうが若く、お元気なのでしょう。それは実に良いことです。

しかし、いかに今のシニア世代が元気で若々しく、時に恋愛に対しても積極的であったとしても、若者のように子どもを作ることはできません。また、消費にせよ生産にせよ、やはり限度があります。極端に高齢者が多いようでは、活力ある国家とは言えないのです。

明治時代を引き合いに出して、「だから人口が減ってもいいじゃないか」というのは、あまりに楽観的、あるいは無責任な考え方だと言わざるをえません。

このままの傾向が進めば、日本国はサステナブル（持続可能）ではなくなる。その認識を前提として共有する必要があります。

「今はとりあえずそんなに困っていない。それならば当分はこれでいいじゃないか」そう考える方もいるでしょう。

しかし、そのような思考法が蔓延しているから、日本はこれまでいろいろな問題を放置してきたのではないでしょうか。

たとえば将来、エネルギーをどう安定供給するのか、というテーマについては様々な考え方があります。「原発ゼロ」を望む方も多いようですし、一方で「それは現実的ではない」という意見も根強い。

色々なデータをもとにした、「原発も当分、ある程度使い続けなくてはいけない」という結論を聞くと、そういうものかなとも思います。ただし、一方で、果たして日本は国としてこれまで本気で「原発ゼロ」に取り組んできたか、検証をしたのか、というとこれもまた少々怪しいように思います。

いきなりゼロにするのは難しいにしても、きちんと計画を立てれば可能かもしれない。

たとえばオーストリアは、その方針を決めて、バイオマスなどの比率を上げていっています。

私はそうすべきだ、と言っているわけではありません。「本気で目標を決めて、そのために進む」ことを私たちはずっとやってこなかったのではないか――その視点での議論をしていくべきだと申し上げたいのです。

食料自給率を上げよう、という方針について反対する人はほとんどいません。しかし、そのための目標を本気で設定し、方策を本気で考え、デメリットも含めて皆で共有するといった作業をしてきたのか。答えはノーです。

人口問題も同様です。

そして、こうした大きなテーマに関して、「中央政府に任せておけばいいや」と考えているようではもはやどうにもなりません。むしろ、その逆の発想が求められます。

国が地方を変えるのではなく、地方の真摯な取り組みこそが国を変える。そのような考え方を共有すべきである。これが初代の地方創生担当大臣をつとめた私の結論です。別の言い方をすれば、「地方創生」の集積が、日本全体の「創生」になる、ということです。

アベノミクスの先にある処方箋

第二次安倍内閣発足以降、アベノミクス等の施策によって、株価は上昇しました。失業率も改善しました。

しかし一方で、「景気が良くなった」「生活が上向いた」という実感を持てない、という声が依然、多いのも事実です。あともう数年すれば、そのうちそうした人たちにも、アベノミクスの恩恵が行きわたるのか。

正直に言えば、今のままでは、その保証は無いと言わざるをえません。

アベノミクスとは何か。一つは大胆な金融緩和政策であり、もう一つは機動的な財政出動でした。その結果、実質ＧＤＰの成長、株価の著しい好転など、デフレ脱却に大きく貢献しました。

しかしながら、この二つだけでは限界があることもまた、正視する必要があります。これはある意味では時間稼ぎであって、いつまでも続けることはできません。日銀が無限に国債を買い続けることは出来ませんし、公共事業の財源にも限りがあります。

本来は、三本目の矢である成長戦略の中に、あるいはその延長線上に、地方創生が位置付けられていたのだと思います。つまり、地方創生を中心とした成長戦略も含めての政策こそが、日本復活のための処方箋なのです。

ところが、残念なことに、政治家も、メディアや国民も、「地方創生」は、与党側のスローガンの一種であって、必ずしも日本全体を甦らせるような政策ではないと捉えているフシがあります。だから日銀の政策や株価の上下ばかりが、議論の対象になるのです。「成長戦略が必要だ」「地方を何とかせねば」という声は常にあるのですが、その先の具体論になると、急に興味を失う人が多いのです。

地方からの革命を

株価が上がったのはいいことです。しかし、日経平均株価は東証一部上場の約二千社のうち、わずか二百二十五社を抽出したものに過ぎません。もちろん、ある程度は上場している企業全体の業績を反映しているでしょうが、全てではありません。ましてや、日本の雇用の七割を占める中小企業の状況を示しているわけではない。だからこそ「実感が無い」という国民が数多くいるのです。

だとすれば、やはり私たちはそろそろ次のことを前提とすべきなのです。


国主導の金融政策、財政出動のみで地方が甦ることはない。

地方が甦ることなくして、日本が甦ることはない。

本気で日本を甦らせるためには、新しい動きを地方から起こさなくてはならない。

地方から革命を起こさずして、日本が変わることはない。


これは決して勇ましいスローガンでもなければ、夢物語でもありません。

明治維新は地方の志士たちによって成就したのであって、江戸幕府の成し遂げたものではありません。戦後の日本は、アメリカによって大きく変わりましたが、それ以外の歴史を見た場合には、大きな動きは地方から始まっていることのほうが多いのです。

だから、地方から国を変えていくというのは、決して現実味のない話ではありません。

また、どうか誤解なさらないで欲しいのは、問題そのものは深刻であるとしても、解決のためのプロセスは決して暗いものではない、ということです。本書では、すでに先進的に問題解決に取り組み、成果を挙げた自治体などの例もご紹介します。

私が大臣になってからお目にかかることのできた、そうした先駆者、挑戦者たちはみんな明るい表情をしていました。彼らのストーリーは、聞いているだけでも夢のあるものです。

こうしたストーリーを共有する方や組織が、地方に増えれば、必ずや日本列島全体が変わっていくことでしょう。

多くの方々が、他人事ではなく自分の問題として、地方について、日本の未来について考えるための一助となれば幸いです。

日本列島創生論——地方は国家の希望なり　目次

1　地方創生とは何か

バラマキではない

「地方創生」という言葉は、おかげさまでかなり世の中に広まりました。意地の悪いメディアは、「しょせんは自民党が地方のご機嫌を取って、選挙対策でやっているのだ」という論調で取り上げることもあるようです。簡単に言えば、バラマキ政策の新しい名称に過ぎない、という見方です。これは私が大臣を務め始めてから退任し、現在に至るまで変わりません。

しかし、私たちは選挙対策などといった、つまらないレベルでこの政策を進めてきたわけではありません。

では、地方創生とは何か。

私は、明治以来連綿と続いてきた中央と地方との関係を根底から変えるものであるべきだと考えています。つまり日本国のあり方を根底から変えるもの、単なる地方の振興策に留まるものではなく、日本のあり方を変えて、この国が何とか二一世紀も続いていけるようにするためのものだと私は考えています。

たしかに、過去にも似たような地方活性化策はあったではないかということは、よく指摘されます。

私は昭和三十二年生まれで、議員生活はもう三十年を超えました。私が高校生だった昭和四十七~四十八年頃流行語になったのが、田中角栄首相の「日本列島改造論」です。同名の著書はベストセラーにもなりました。

三井銀行に就職し、勤め人となった昭和五十年代前半頃には、大平正芳首相の「田園都市国家構想」がありました。

都市に田園の潤いを、田園に都市の賑わいを――がキャッチフレーズの非常に哲学的な匂いのする構想だったと記憶しています。

私が当選一回目、平成に入って間もない頃には竹下登内閣の「ふるさと創生」というものがありました。各自治体に一億円の「ふるさと創生基金」を交付するというやり方には、さまざまな批判が寄せられたものです。

そもそも、国会議員は地域の代表ではなく、国民全体の代表であるべきだ、というのが建前ではあります。しかし、そのような建前と現実との間には距離があったのも事実でしょう。

これまでいろいろな選挙を見てきましたが、たとえ国政選挙の候補者であっても地域の振興を訴えない者はおりません。

そうした声の影響もあり、これまでにも歴代内閣において、地方の再生をはかる構想があったのは事実です。だから、今回の「地方創生」はそれとどこが違うのか、同工異曲ではないのか、といったご懸念や批判の声が挙がるのもよく理解できます。

危機感と目標

そうした疑問にどう答えるか。

私はまず第一に、「危機感が違う」と申し上げています。「日本列島改造論」「田園都市国家構想」「ふるさと創生」のいずれもそれなりに卓見であり、優れた構想だったとは思います。しかし、「これをやらなければ、国家のサステナビリティがなくなる」という危機感があったかといえば、そこまでのものではなかったように思います。すなわち「この政策を実行しなければ、日本国そのものが維持できない」という危機感、それが今回の地方創生の取り組みの根本にあります。

もう一つは、人口の問題について一億人を目途として取り組むのだということを政府が長期ビジョンの中で明らかにしているという点です。この目標は、過去の取り組みと大きく異なる点です。

おそらく一九七〇年代だったと思いますが、毎日新聞の一面トップに「これから先、日本は人口を抑制していかなければならない」という記事が出たことがありました。私はこの記事を鮮烈に覚えています。

実際に、一時期まで、「日本は人口が増え過ぎなので抑制しなくては」という考え方があったのです。背景には、狭い国土に人間ばかりが増えることへの危機感がありました。

しかし、今はまったく逆になっています。

この人口問題に取り組むという姿勢が明確なのも、過去のものとの違いです。

さらに、中央と地方との関係を根幹から変えるという点が大きな違いです。

この三つの点から「地方創生」は、過去のものとは根本的に異なる取り組みなのです。

二〇六〇年に一億人に

こうした考えのもとに、二〇一四年の総選挙直前に成立したのが「まち・ひと・しごと創生法」でした。そのポイントの一つは、国の定めた長期ビジョンです。ここでは「二〇六〇年に一億人程度の人口を確保する」ということを明確に示しました。

二〇六〇年とはまた随分先の話だ、と思われるかもしれません。しかし、国内の人口はしばらく減り続けます。これはどうにもなりません。あらゆる政策を実行して、必死で頑張って、出生率を一・六〜一・八に上げたところで、それで生まれた方々がさらに子どもを作るには二十年以上はかかるのです。

ですから、しばらくの間、人口が減り続けることを前提とせざるをえません。

現実的な数字として、今から出生率を改善していった場合に目指すべき数字が、二〇六〇年に一億人、ということになるのです。これを長期ビジョンの中に明記しました。

このような方向性については、「戦前のようだ」と批判する向きもいるかもしれません。

「子どもを産もうが産むまいが、国民の自由です。大きなお世話。そんなことに国家が関与するのは、戦前の富国強兵を連想させます」

という批判です。しかし誤解していただきたくないのですが、かつてのような、国家による「産めよ増やせよ」を押しつけようというつもりは全くありません。

個人の自由として、結婚しない自由も、産まない自由も当然あります。そこに国家が干渉することはあってはなりません。

しかし一方で、「できれば結婚して、子どもが二人くらいは欲しいね」と考えている国民も多くいるわけです。二〇一四年に内閣府が二十代から三十代の男女を対象に行った「結婚・家族形成に関する意識調査」という調査があります。これによると、未婚の方の六割以上は、「できれば結婚したい」と考えているそうです。また、将来欲しい子どもの数は「二人」と答えた人が最多でした。

ともすれば「結婚をわずらわしいと思っている若者が増えた」とか「男性が草食化し

ている」といった話を耳にすることが多いのですが、実際にはそういう人ばかりではなく、「結婚して子ども二人は作りたい」という希望を持つ人は依然として多いのです。そうした希望があるにもかかわらず、何らかの事情で諦めている方、躊躇している方が数多くいます。だからこそ出生率が下がり続けているという面がある。

それならば、そうした方々に対して政府や自治体が最大限の支援をしていく。希望を叶えるのを邪魔している阻害要因はできる限り取り除く。そのことが日本にとってもプラスになる、という考え方です。

『地方消滅』の衝撃

この人口問題に関する議論が本格化したのは、「はじめに」でも触れたように増田寛也氏の論文がきっかけでした。『地方消滅』のもとになったのは、「中央公論」二〇一三年十二月号に掲載された「2040年、地方消滅。『極点社会』が到来する」（増田寛也＋人口減少問題研究会）というショッキングなタイトルの論文。その中味は、あまりに衝撃的で、私は手にしたその晩のうちに何度も読み返したほどです。

論文の本質、言わんとするところは、二〇四〇年に、全国のすべての市町村の二十代～三十代の女性がどれだけ減るかを考えないと日本は大変なことになる、ということです。もちろん十代、四十代で出産する方もいますが、出産の主な年齢は二十～三十代です。そうであるならば、このままの推移が続くとどうなるか、ということを調べてみたのが増田レポートでした。

たとえば私の地元、鳥取県で見ると、若桜町という町では二〇四〇年にその年齢層の女性が二〇一〇年に比べて七二・四パーセント減ることになっている。現在の四分の一に減るのです。その他の市町村も似たようなものです。

それでは市、町、村がもはや持たない、サステナブルではない、と言わざるをえません。そういう自治体を増田氏は「消滅可能性自治体」と呼びました。

だからこの状況を何とかしなくてはいけない、というのが論文の主旨でした。この問題意識を踏まえ、政府は国全体としての大きな目標である「人口減少問題の克服」に関して、国民の希望が実現した場合の出生率（国民希望出生率）を一・八にまで引き上げたいという展望を示しています。

自治体の努力義務

この長期ビジョンの希望出生率の目標とは別に、国の総合戦略というものも定めました。これは二〇一五年～二〇一九年の五か年の政策目標・施策です。

ただ、「まち・ひと・しごと創生法」の眼目はそこにはありません。国が何か目標を設定して、「黙って俺についてこい」では、これまでと同じことになってしまいます。

あくまでも主役はそれぞれの地方であるというのが基本です。ですから、政府の掲げた目標に対応してすべての都道府県、すべての市町村に対して、地方版の総合戦略を定めるということを、努力義務として定めさせていただきました。これはこの手の法律ではかなり異例のことです。

そういう計画を作ることを強制はできませんので、努力義務として盛り込むことにしたのです。地方版の総合戦略とは、各地方の人口動態などを踏まえて作成する二〇一九年までの施策のことです。

これを二〇一五年末までにすべての自治体に作ってください、と法律上定めました。

なぜそのような計画が必要なのか、それをなぜ地方が独自に作らねばならないのかについては、後述いたします。

東京の危険性

東京一極集中については、もちろん集中のメリットはあるのでしょう。しかし、現状は過度の集中になっているのではないかと考えています。

国交省の資料で紹介されているデータですが、ドイツの保険会社（ミュンヘン再保険会社）が、自然災害のリスクを世界主要都市で算出したところ、東京（・横浜）がダントツで危険だという結果になっています。二位がサンフランシスコで以下、ロサンゼルス、大阪（・京都・神戸）と続きます。

なぜ東京がそこまで危険だと見られているか。首都直下型地震という災害発生の可能性が極めて高い。そして、木造密集住宅が多い。これは上空から見れば一目瞭然です。

さらに地下の深いところにたくさんの鉄道が走っていて、多くの人が乗っている。

こうした状況を分析したうえで「もっとも危険」とされているわけです。一極集中の問題点というのは、必ずしも「東京が一人勝ちだから不公平だ」という単純な話ではありません。一極集中は、東京にとっても大きなデメリットなのです。

その点を理解すれば、「地方創生」は、単純に東京の富を地方に移すという話ではなく、東京をより安全安心で活気ある街にすることにもつながる話だということがおわかりいただけることでしょう。

つまり地方創生は、東京のヴァージョンアップや強化でもあるのです。地方と都市、双方にメリットがあるような道筋を考えていくべきでしょう。

東京の衰退

別の視点から考えても、地方創生は東京の問題と直結しています。

日本の経済を論じる際に、パナソニック、トヨタ等、誰でも知っている大企業に目が向きやすいのですが、先ほども申し上げた通り、それら大企業の関係企業で働いている人は、全体の三割程度。残りはいわゆる中小企業とローカル経済が支えているわけです。

また、地方では企業や公共事業の減少から雇用が減った分、人材が医療や介護の分野に流れています。それ自体は、当然のことでしょう。超高齢化が進み、介護や医療を必要とする人口が増している、要はニーズが増大しているから、供給も増えているわけです。

しかし、問題はその状態はそう長くは続かないという点です。団塊の世代の人たちが、いずれは亡くなります。その時から高齢者の実数は激減します。すると、それまで医療や介護にあったニーズが減るわけですから、当然、そこで働く人たちの雇用の場も一気に失われてしまいます。

東京は地方に比べて高齢化の進度が十年~十五年遅れています。そのため、地方で高齢者が減ったあとも、東京にはまだ多く高齢者がいるということになるでしょう。そこでまた「働くなら東京だ」ということで、若い医療、介護関係者が東京に集中する。そういう形での人口集中は必然的に起こります。

しかし、その東京の出生率は現状のままだと日本一低いのですから、結局は地方と同じ状態になります。何のことはない、時間差で東京も衰退するわけです。要は日本が衰退する。

この流れを今止めないでどうするのか。

これが「地方創生」のもとにある危機感なのです。

2　補助金と企業誘致の時代は終わった

地方が元気だった時代

私の同世代の方ならばご記憶でしょう。地方が元気だった時代というのが、かつて日本には確かに存在していました。昭和四十年代の半ばから五十年代の半ばにかけて、大阪万博や札幌五輪があった頃です。映画『ＡＬＷＡＹＳ　三丁目の夕日』の舞台が昭和三十年代ですから、それよりも少し後です。

その頃、我が国は昭和三十九年に東京五輪を開催し、昭和四十五年に大阪万博を開催し、昭和四十七年には札幌五輪を開催しました。これは考えてみれば凄いことで、敗戦後そう時間も経っていないにもかかわらず、たった八年の間に世界的なイベントを三回行ったことになります。

その頃、まだ新幹線は東海道新幹線くらいしか走っていません。高速道路も名神、東名くらいしかなかった。

飛行機も、東京―大阪間など一部の路線を飛んでいるだけでした。子どもの頃は、「一生に一度でいいから飛行機に乗ってみたい」と思ったものです。ＬＣＣ（格安航空会社）などというものは存在せず、飛行機は高嶺の花でした。

新幹線もなく、高速道路網もなく、飛行機も飛んでいない――それにもかかわらず、あの時代、地方は確かに元気だったのです。

駅前は人でにぎわっていました。シャッターを下ろした商店なんてほとんどありませんでした。観光地は大賑わいでした。農山漁村にも活気がありました。

それから約四十年。今はどうでしょうか。

日本国中にぎわっていたのに、日本国中同じように駅前は寂れ、商店街はよくて半分、悪いと八割がシャッターが閉まっているような状態。

なぜ四十年でこんなことになったのか。

なぜ四十年前はそんなに元気だったのか。

かつて地方に活気があった要因は主に二つあります。

一つは公共事業です。目に見えて道路、下水道、港湾が良くなり、高速道路や空港が作られる。そこには大きな雇用もありました。これがかつての地方の活況を支えていたのは言うまでもありません。

もちろん、今でも必要な公共事業は行うべきです。「コンクリートから人へ」などという安易な考え方を私は評価しません。適切な投資をすることで救われる人命があるのは確かだからです。必要な防災対策は常に進めなくてはなりません。公共建造物の耐用年数は五十年くらいですから、それへの修繕など対応もしなくてはなりません。

また、道路でも鉄道でもつながってこそ価値があるという面があります。「お金が苦しいから、道路建設を中断しよう」というのでは安易に過ぎます。道路がつながらず、あちこちコマギレでは経済効果が生まれません。必要なミッシングリンクを埋めることはしなければなりません。

しかし、公共事業で多くの雇用、所得を生むという手法がかつてのように有効ではないことは認識すべきです。そもそも国の借金が一千兆円ということから考えても、この手法には限界が来ているのです。

企業誘致型の限界

地方の活気を支えていたもう一つの要因は大企業でした。地方がこぞって企業を誘致し、結果として日本国中あちこちに、ナショナル、ホンダ、サンヨーといった大企業の工場が建ちました。それらは地元に雇用をもたらし、市場を形成し、多くの税金を納めてくれました。

今それらの土地はどうなっているか。選挙のたびに、日本全国あちこちに参ります。そこで目にするのは、広大な空き地です。これは何ですかと聞くと同じような答えが返ってきます。

「ここには昔、○○の工場があったんですよね」

アベノミクスによって、大胆な金融緩和が行われ、円はかつての極めて高い水準から下がってきました。では、海外に出た生産拠点が戻ってきたかといえば、リコーなど一部を除いては殆ど戻ってきていません。

輸出企業が高収益なのは、円安の効果で円換算すれば儲かっているということによるものです。

もちろん政府として、法人税を下げるとか、賃金を上げるといったことを促す努力はしていきますが、海外に生産拠点がある理由は、お客様がそこにいるから、という面が大きいことは理解する必要があります。

お客様は中国等アジアやインドにいるのだから、そこに近いところで作ったほうがいいと考えるのは企業としては当たり前です。とすれば、かつてのように企業が国内の地方に出ていって、また雇用を生むというのもかなり考えづらいことなのです。

「夢よもう一度」は無理

地方創生大臣をつとめている頃、国会では何度か「なぜ地方再生ではなく、創生なのか」という質問を受けました。

その答えを簡単に言えば、「夢よもう一度」という発想はもう通用しないからだ、ということになります。

公共事業も企業誘致も今でも効力が完全に失われたわけではありません。しかし、その効力が薄まってしまっていることから目をそむけてはなりません。

今まで公共事業と企業誘致で元気だったとしても、それらにもう一度頼るというのは難しいと考えるべきです。

ではどうするか。

これまで、それらの陰に隠れて実力を発揮してこなかった農業、漁業、林業、または観光等のサービス業、あるいは介護や医療といった業種の潜在力を発揮することで、地方を活性化させる。これが最適の方法です。

幸いなことに、こういった産業については、伸びしろがまだ相当あるのではないか、と考えています。

地方の活気を取り戻すことを目指すとしても、その際には「夢よもう一度」で旧来型の手法に頼ったのでは、成功はしません。一方で、一次産業やサービス産業などは、必ずしも本腰で取り組んできたとは言い難い。そうであるならば、こうした伸びしろのある分野に注力するべきでしょう。

だから私たちは「夢よもう一度」という響きのある「再生」ではなく、「創生」という言葉を用いているのです。

3　ＰＤＣＡとＫＰＩを考えよ

ＰＤＣＡサイクル

基本的に、地域のことは、霞が関ではわかりません。鳥取県倉吉市のことも、鹿児島県鹿屋市のことも、佐賀県鳥栖市のことも、霞が関ではわからないのです。

地方創生において、もっとも力を発揮してもらわねばならないのは、その地域のことを知る市町村です。だからこそ自ら総合戦略を作ってくださいと申し上げたのです。

ここで意識していただきたい二つのキーワードがあります。

一つはＰＤＣＡ。Ｐはプラン（ＰＬＡＮ）、企画・立案です。Ｄは実行（ＤＯ）。Ｃはチェック（ＣＨＥＣＫ）、点検です。Ａはアクション（ＡＣＴＩＯＮ）、改善です。

これをＰＤＣＡサイクルといいます。もともとは、経営学などで用いられる概念、用語で、このサイクルをきちんと回すことが商品の品質改善につながる、と考えられています。ビジネスマンの皆様はとうにご承知のことでしょう。

各自治体には、単に「こうしたい」「ああしたい」といった願望のみが先走ったプランを立てるのではなく、このＰＤＣＡサイクルをきちんと内蔵した戦略を考えてください、と申し上げてきました。これが従来とは異なる第一の点です。

ただ、その際には行政だけでプランを考えるようなことはしないでください、とも言ってきました。「産官学金労言」で考えてください、と。

「産」は民間企業、商工会議所、商工会、中小企業連合会、青年会議所等、地域の産業界を指します。

「官」は県庁や市役所、町役場等です。

「学」は大学や高校、高専など、地域の学問にかかわる先生や生徒たちです。地域の教育機関は、教科書的な学問に必ずしもこだわることなく、自分たちの地域をどうするかということを考えていく場であってほしいと考えています。

「金」は、信用金庫、信用組合、地方銀行などの地元の金融機関。国の補助金が途絶えたらもうおしまい、というのではビジネスとして成り立ちません。イニシャルコスト、すなわち初期投資の段階でのお金を国がある程度出すことはあるでしょう。しかし、それを使い切ったら後がないというのではプランとして成立していません。あるプランがビジネスとして成り立つかどうかは、金融機関の目が入ったほうがいい。

その意味で、プラン作りに金融機関がかかわることには大きな意義があります。もちろんただ口を出すだけではなく、金融機関は、将来性のあるプランに対しては投資をしていく姿勢が求められます。

「労」は労働団体です。これからの労働者の働き方、ワークライフバランスや、女性の働き方などについて考えていくにあたっては、労働組合等の団体にも議論に加わっていただかなければならない。

あの団体は、どこそこの党の支持母体だからうんぬんなどとケチなことを申し上げるつもりはまったくありません。

そして最後の「言」は言論機関です。地方の新聞、テレビが中心になるでしょう。

私は、地方創生大臣として地方に行った時には、地元の新聞をお訪ねするようにしていました。北海道ならば北海道新聞、島根ならば山陰中央新報、といったところに出向いて、社長や論説委員といった方々からお話を伺うのです。

その地方で何が起こっているのか、何が問題なのか、何が良い例となっているのか。そうしたことを一番良く知っているのは地元のメディアの方々であるはずだからです。

こうした方々にも参加していただき、知恵を出し、議論を重ねて、そのうえで、地方で実行可能なＰＤＣＡのサイクルをつくっていく。この姿勢が地方創生には必要であると考えています。

もちろんこれを取りまとめ、主体として責任を持つのは行政（自治体）ですが、決めるにあたっては多くの方々の参加を得たい。そして多くの方々がみんなで「ＤＯ」に参加できるものであってほしいと考えています。

点検の重要性

Ｃのチェック、点検についてもご説明しておきましょう。

これまで自治体の長の評価の基準は、ごく単純に言ってしまえば、どれだけ大きなプロジェクトを、どれだけ少ない自己負担で、つまりどれだけ高い補助率で実現させたか、というものでした。つまり、予算や補助を確保してきた時点で評価はいったん終わってしまっていたのです。

その公共事業や政策がどのような効果を生んだか、といったことへの評価は後回しになっていた面は否定できません。

本来、そのチェック機能を受け持つ役割は、議会が担うべきなのでしょうが、必ずしもそれはうまくいっていなかった。この点は、単に議会の怠慢だと責めるわけにもいかない事情もあります。というのも、決算というのは単年で行う性質があるため、長い目で見た場合の評価をするのに議会はあまり向いていないのです。

しかし、それでは結局、「お金を持ってきました。役に立つかどうかわからないハコモノを作りました。最初はにぎわいましたが、あっという間に寂れました」というあちこちで耳にするような話を繰り返すだけです。

サイクルを回していくということは、それ自体が持続性を内包している必要があります。最初の目論見と違うところがあれば、早めにその欠陥を発見して、軌道修正をする必要もあります。そのためには、チェック機能は欠かせません。そのチェックをするシステムを内在させることが必要だと考えています。

最後のA、アクションは、点検の結果、「やはりここは改善したほうがいい」「これはやめたほうがいい」といった結論が出たら、それに従って改善を行うということです。

このPDCAサイクルを意識したプラン作りをそれぞれの地域で必ず作成してほしいとお願いしたわけです。

KPIの設定を

そこにおいては、KPIを設定してほしいともお願いしました。またしても横文字で恐縮ですが、これはKey Performance Indicator、日本語で言えば「重要業績評価指標」の略です。簡単に言えば、「何を評価の基準とするかを決めてくださいね」ということです。

これは先ほどのチェック、点検とつながってくる話です。

当然のことですが、目指すべき指標を定めないことには、チェックもできません。「何となくうまくいっていると思う」「何となくダメなような気がする」では、プランがうまくいっているのかいないのかもわからないのです。ですから、その指標を設定してください、ということです。

この指標についても、国が勝手に定めることはできません。プランが地方それぞれである以上、指標もそれに応じたものになるからです。人口、出生率、所得、観光客の宿泊日数等、さまざまな指標があるでしょう。

ちなみに、なぜここで観光客の来訪者数ではなくて、「宿泊日数」と申し上げたかといえば、観光において大事なのは通過数ではなく、宿泊数だという考えに基づいています。通過だけではゴミしか落としてくれないこともある。もちろん、中には宿泊施設が存在せず、「来訪者数」のほうが良いという自治体もあるかもしれません。その場合に、その指標に妥当性があるのならば、自治体の責任においてそれを選択すればいいのです。

こうした考え方がどこまで浸透したのかはわかりませんが、とにかく大臣就任後は全国を回って、PDCAです、KPIです、とご説明をしてきました。

何だかコンサルタントが説明しているみたいだと思われたかもしれません。実のところ、地方創生相には、そのような側面もあるのです。

4　国は人材とデータで後押しをする

国の役割とは

　ここまでの説明をお読みになって、

「結局、それって地方に丸投げということか」

という懸念を持つ方もいらっしゃるかもしれません。

「知恵は出せ、ただし金は昔ほどは出せないということか。それで何とかしろというのか。無責任じゃないか」

　もちろん、そんなことを申し上げるつもりはありません。国は国できちんと関与します。地方をサポートしていきます。

では、具体的に国は何をしているか。大臣時代の二年間で、「情報」「資金」「人材」の三つの点でのサポートを進めてきました。

まず情報面では、地方を支援するために、「地域経済分析システム（RESAS）」を経産省において開発してもらいました。このシステムを用いれば、各地域が産業・人口・社会インフラなどに関して必要なデータ分析を行い、その地域の課題が抽出できるようになっています。流行の言葉で言うところの「ビッグデータ」を政府が提供するというのがこのシステムです。

その地方において、モノはどこから来て、どこへ出て行っているのか。ヒトはどこから来て、どこへ出て行っているのか。カネはどこから来て、どこへ出て行っているのか。そしてそれらのモノ、ヒトはどのようなものなのか。

こうしたことがわからなければ、どのようなプランも机上の空論に終わってしまいます。「人口を増やそう」といっても、地方によって重視すべき年齢層や性別が異なる可能性はあるでしょう。

たとえば「東京に人口が集中している」ということはよく言われますが、一体どの世代の何の人口が集中しているか、ということまではご存じない方も多い。

顕著に集中しているのは、「十八〜二十二歳」の「女性」だということがわかっています。女性の高学歴化が進み「やっぱり東京の大学がいい」ということで上京する人が増えた。その方々が地元に帰らず、東京に居続けるというのが、東京に人口が集中している一つの要因です。

裏返せば、多くの地方の町村にとってみれば、そういう女性が東京に出るのをどう止めるか、もしくは一度出た女性をどう呼び戻すか、というのが課題となるわけです。

このＲＥＳＡＳは、今も進化をし続けています。どんどん面白いデータが集積されていますので、一度検索してみてください。これらのデータを活用して地域活性化のアイディアを競う「地方創生☆政策アイデアコンテスト２０１５」の「高校生以下の部」では、なんと福島市立岳陽中学校イノベーション部の中学生が大臣賞を受賞しました。

地方の事情を調べるべき

出生率に関しても地方によってバラつきがあります。押しなべて九州が高く、東北は低い。しかし、それもあくまでも大まかな傾向に過ぎません。講演などでよく用いるデータをいくつかご紹介してみましょう（次頁以降の図をご参照ください）。

ご覧になればおわかりのように、地方だから出生率が高いわけでも、結婚が早いわけでもありません。男性の平均初婚年齢はベストもワーストも高知県の町村になっています。

データについては様々な解釈が可能でしょう。人口が少ない町では、たった一人でも高齢で結婚した人がいれば、平均値を上げることになります。合計特殊出生率の上位には九州・沖縄の市町村が並んでいますが、同じ上位でも、宮古島市と対馬市の理由はまったく別のものかもしれません。

別の例で言えば、人口減少率が一番高いのは秋田県です。二十代～三十代女性が二〇四〇年に半分以下になる自治体の比率をみると、秋田では九五パーセントがそれに該当するとされています。秋田は新幹線が走っており、空港は二つあり、高速道路も走っています。酒は美味しい、美人も多い（と言われています）。なぜそれで人口が減るのか。

こうしたデータの分析は、中央で進めても限界があります。本当の理由は秋田の人たち自身が調べていかないと、なかなかわかりません。結果には何かの原因があるはずだという問題意識を持ち、それぞれの地域で解明をしてもらう必要があるのです。

市・町村別の合計特殊出生率

高い順10団体

市

1	沖縄県	宮古島市	2.27
2	長崎県	対馬市	2.18
3	沖縄県	石垣市	2.16
4	長崎県	壱岐市	2.14
5	沖縄県	豊見城市	2.03
6	滋賀県	栗東市	1.99
6	沖縄県	糸満市	1.99
8	沖縄県	沖縄市	1.97
9	京都府	福知山市	1.96
9	長崎県	平戸市	1.96
9	宮崎県	串間市	1.96

町村

1	鹿児島県	伊仙町	2.81
2	沖縄県	久米島町	2.31
3	沖縄県	宜野座村	2.20
4	鹿児島県	徳之島町	2.18
5	沖縄県	金武町	2.17
6	鹿児島県	天城町	2.12
7	鹿児島県	与論町	2.10
8	沖縄県	南風原町	2.09
9	熊本県	錦町	2.08
10	熊本県	あさぎり町	2.07
10	沖縄県	南大東村	2.07
10	沖縄県	多良間村	2.07

低い順10団体

市

1	東京都	武蔵野市	0.95
2	東京都	狛江市	1.02
3	東京都	三鷹市	1.04
4	北海道	江別市	1.06
5	東京都	国分寺市	1.07
6	北海道	札幌市	1.08
7	北海道	北広島市	1.09
8	茨城県	常陸太田市	1.10
9	千葉県	浦安市	1.11
10	秋田県	男鹿市	1.12
10	東京都	小金井市	1.12

町村

1	大阪府	豊能町	0.82
2	埼玉県	毛呂山町	0.94
3	埼玉県	鳩山町	0.96
4	東京都	奥多摩町	1.00
5	北海道	当別町	1.01
5	茨城県	利根町	1.01
7	埼玉県	小川町	1.05
7	京都府	南山城村	1.05
9	神奈川県	箱根町	1.06
9	大阪府	能勢町	1.06
9	大阪府	岬町	1.06

※「地域少子化・働き方指標」をもとに作成。合計特殊出生率は平成 20 ～ 24 年の推定値。

市・町村別の男性平均初婚年齢

低い順10団体

市

1	長崎県	西海市	27.8
2	福岡県	豊前市	28.1
2	秋田県	潟上市	28.1
4	福島県	本宮市	28.4
5	島根県	江津市	28.5
6	福岡県	宮若市	28.7
6	山形県	尾花沢市	28.7
6	鹿児島県	志布志市	28.7
9	茨城県	北茨城市	28.8
9	宮崎県	串間市	28.8
9	福岡県	嘉麻市	28.8
9	佐賀県	伊万里市	28.8
9	香川県	善通寺市	28.8

町村

1	高知県	本山町	25.6
1	青森県	新郷村	25.6
3	北海道	新得町	25.9
4	北海道	上砂川町	26.0
5	福島県	飯舘村	26.2
6	山形県	鮭川村	26.3
7	青森県	東通村	26.5
8	沖縄県	東村	26.6
9	山形県	戸沢村	26.8
10	北海道	池田町	26.9

高い順10団体

市

1	千葉県	南房総市	33.9
2	神奈川県	逗子市	33.8
3	神奈川県	鎌倉市	33.2
4	岩手県	陸前高田市	33.1
5	東京都	狛江市	32.7
5	千葉県	いすみ市	32.7
5	静岡県	下田市	32.7
5	高知県	土佐清水市	32.7
9	秋田県	能代市	32.6
10	東京都	多摩市	32.5
10	静岡県	伊東市	32.5

町村

1	高知県	三原村	39.1
2	青森県	西目屋村	38.3
3	和歌山県	高野町	37.8
4	広島県	安芸太田町	36.6
5	青森県	蓬田村	36.5
6	東京都	八丈町	36.4
7	島根県	海士町	36.1
8	静岡県	松崎町	36.0
8	和歌山県	太地町	36.0
8	長野県	上松町	36.0

※「地域少子化・働き方指標」をもとに作成。平均初婚年齢は平成25年の数値。基礎とした統計上表象のないものや、少数につき表象に適さないと考えられるもの（87町村）を除いたうえで上位・下位を抽出。小規模の市町村においては年ごとの数値に大きな変動が生じ得ることに留意が必要。

市・町村別の女性平均初婚年齢

低い順10団体

市

1	島根県	江津市	26.6
2	茨城県	北茨城市	26.9
3	北海道	歌志内市	27.0
3	福島県	田村市	27.0
3	千葉県	旭市	27.0
6	兵庫県	南あわじ市	27.1
6	和歌山県	有田市	27.1
8	石川県	珠洲市	27.2
9	茨城県	行方市	27.3
9	岐阜県	山県市	27.3
9	福岡県	豊前市	27.3
9	福岡県	中間市	27.3
9	宮崎県	えびの市	27.3

町村

1	福島県	双葉町	23.4
2	北海道	増毛町	23.7
3	北海道	上砂川町	24.4
4	群馬県	片品村	24.7
4	沖縄県	南大東村	24.7
6	熊本県	相良村	24.8
7	秋田県	八峰町	25.1
7	長野県	泰阜村	25.1
9	北海道	奥尻町	25.2
9	高知県	本山町	25.2

高い順10団体

市

1	千葉県	南房総市	31.6
2	神奈川県	逗子市	31.5
3	神奈川県	鎌倉市	31.3
4	東京都	狛江市	30.9
5	東京都	三鷹市	30.7
6	岩手県	陸前高田市	30.6
6	東京都	小金井市	30.6
8	秋田県	能代市	30.5
8	千葉県	いすみ市	30.5
8	千葉県	大網白里市	30.5
8	長崎県	五島市	30.5

町村

1	京都府	南山城村	37.2
2	北海道	愛別町	35.5
3	岩手県	葛巻町	34.8
4	高知県	仁淀川町	34.7
4	熊本県	水上村	34.7
6	北海道	東川町	34.5
6	北海道	和寒町	34.5
6	島根県	海士町	34.5
9	北海道	島牧村	33.8
9	群馬県	川場村	33.8

※「地域少子化・働き方指標」をもとに作成。平均初婚年齢は平成25年の数値。基礎とした統計上表象のないものや、少数につき表象に適さないと考えられるもの（91町村）を除いたうえで上位・下位を抽出。小規模の市町村においては年ごとの数値に大きな変動が生じ得ることに留意が必要。

県民所得、観光客の宿泊者数等も、県によって相当な違いがあるのです。たとえば、観光客の宿泊者数が一番少ないのは、なぜか徳島県で次が奈良県。

これはなぜなのか。おそらく何らかの理由があります。それを分析せずに、次に打つべき手を考えることはできません。繰り返しになりますが、その分析の主体は、地方自身です。

漫然と、「人口を増やしたい」と願うだけではプランも考えようがありません。どの年代のどの性別のどういう人を増やすか、ということまで考えなくては仕方がない。

こうした情報を国は自治体に積極的に提供していくことにしています。

ＫＫＯの弊害

余談ですが、「ＫＫＯ」という言葉をご存じでしょうか。「勘と経験と思い込み」の頭文字を取ったもので、地方の活性化に関係した議論ではよく使われる言葉です。自治体の問題点を考える上で、長くそこに住んでいる人が囚われやすい罠をよく表しています。

「目立つモニュメントを作れば、話題になって人が集まるのでは」

「地方議員を三十年やっている私が言うんだから間違いない」

「ウチの町がさびれてきたのは、企業誘致がうまく行かなかったからだ」

もちろん、こういうＫＫＯにまったく意味がないとは言いません。しかし、そのやり方ではうまくいかなくなったからこそ、困ったことになっているという事実は正面から見つめねばならないのです。

客観的データを冷静に分析して、対策を考える必要があることは肝に銘じるべきでしょう。ＫＫＯからＰＤＣＡへの移行が望まれます。

竹下総理の教え

また、財政支援もいたします。

ここまでに述べたような理念、プランに異を唱える方は少ないでしょう。が、「そうは言っても先立つものがなければ実行できない」というのもまた真理です。

ですから、地方には自由に使える交付金を支給していきます。ただし、これについては注意しておくべき点もあります。

自治体の方々にお目にかかると、

「自由に使える金がたくさんあれば、地方はいくらでも良くなるよ」

といった声を聞くことがあります。

国が出す補助金はヒモ付きばかりで、自由に使えない。だから地方はやりたいことがやれない。それで地方自治も何もあったものではないじゃないか。もっとどかんとお金を渡してくれれば、いくらでも試してみることがあるのに――。

私はこのような意見を決して否定はしません。一面の真理が含まれていると思います。が、すべてがすべて仰る通りかといえば、そうでもないと思うのです。

実際に、そのような「自由なお金」を自治体に交付した有名な例が、「ふるさと創生事業」のために、竹下内閣が全国の市町村に交付した一億円です。これについては、バラまきの典型だという批判が当時からありました。

それについて竹下総理にお尋ねをしたら、こんな答えが返ってきました。

「石破、それは違うんだわね。これによってその地域の知恵と力がわかるんだわね」

この言葉は鮮明に覚えています。なにしろ正式名称は「自ら考え自ら行う地域づくり事業」だったのですから。

あの頃、「わーい、一億円もらった」とばかりに喜んで、「ウチの村にはキャバレーがないから、それを作ってみよう」と考えて、本当に作ってしまったところもありました。他にはお城を建てたところもありました。金の延べ棒を買ったところもありました。

こうした〝独特〟の使い方を上から目線で断罪するつもりはありません。たとえ突飛に見えても、それが本当に地方のためになったのならば結構な話です。しかし、先ほどから申し上げているPDCAサイクルという観点で見た場合に、本当にゴーサインを出すべき使い方だったかといえば、疑問が残ります。

金を有効に使った自治体

当時、主に話題になったのが、この手のいささか不思議なお金の使い方だったから、余計に「ふるさと創生」イコール「バラマキ、無駄遣い」というイメージが強く残っているのでしょう。しかし、竹下総理がおっしゃったとおり、「知恵と力」で有効に活用した地域もあるのです。

たとえば、滋賀県の長浜市。石田三成が生まれた石田町があるところですが、他にも戦国時代にいろいろな物語が生まれた場所でした。長浜市は一億円を使って、市の歴史的教訓、歴史的人物の研究などをしてきたそうです。派手さには欠けるかもしれませんが、地域にとって必要な文化事業に投資したわけです。最近は、石田三成は「イケメン武将」として人気が高まっており、この機を逃さじと滋賀県はＰＲに勤しんでいるそうです。

他にも、子どもたちに地域の歴史を教える授業をするための予算とした地域や教員の海外研修に使った地域もありました。

興味のある方は、「ふるさと創生事業」でネット検索をなさってみてください。各地方の主な使途が並んでいます。「こんなくだらないことに」というものもあれば、今も残っているものの、私たちに馴染みのあるものも多くあります。

結局のところ、重要なのは「自由なお金があるかどうか」ではありません。「自由なお金をどのように使うのか」なのです。その良し悪しはそれぞれの地方で判断すべきです。

有意義にお金を使うためには、地域の方々が参画をし、検証をするシステムが必要です。「バラマキは断固として排す」ということを安倍総理はよく仰います。最終的にバラマキになるかどうかは、地方でのチェック機能が健全かどうかに関わってくると思います。

予算の使い方について、地域がチェックするシステムが内蔵されていなければ、バラマキだという批判は常につきまとうでしょう。

意味のある出向を

人的支援も始めました。それが「地方創生人材支援制度」です。

国家公務員が地方に出向するシステムは昔から存在しており、一時期はシティマネジャーなどと呼ばれていました。ただし、その出向先は大体都道府県か、地方の大都市に限られ、人口の少ないところにはほとんど出向していませんでした。
○○県の建設部長は代々国土交通省から、厚生部長は厚労省からの出向、という具合に指定席のように決まっているものが多かったですし、今もその傾向はあるでしょう。
しかし、むしろそういう人材を必要としているのは、人口五万人以下の小さな自治体ではないだろうか、と考えられます。そうしたニーズのあるところに、有能な人材を出していくことを目指しています。

このような話になると、「なんでもいいから中央に顔がきく人をくれ」などと言う人が現れそうですが、それではダメです。

「うちの市ではこういうことをやりたいので、ついてはこういう人材が欲しい」という具体的なリクエストを出す必要があります。「何でもいいから中央に顔がきく人」というのは、結局は「予算を持ってこれる人」ということですから、それではこれまでと同じことになってしまいます。それがいかに駄目なのかは、ここまでに申し上げた通りです。

また、行く側も「よし、俺が霞が関の知恵を授けてやろう」というような姿勢であってはなりません。同じ目線で物を考えて、その地域の人と一緒になってがんばろうという人でないと意味がない。

そうしたマッチングをすでに現在行っています。

実のところ、公務員も余っているわけではありません。行政改革によって公務員の数は減っています。決して人材が余っているわけではないのです。それでも、嬉しいことに、中央官庁の二十代~四十代半ばまでの官僚を対象に希望者を募ったところ、かなりの人数が集まりました。多くの省庁からやる気のある人が手を挙げてくれたのです。さらに国家公務員のみならず大学の研究者や民間のシンクタンク、NPOの方なども含めると、五百人ほどの人材のプールが出来上がりました。

すでに二〇一五年夏から約三百人が地方に派遣されています。彼らは二年間をめどに地方で腕をふるいます。決して「中央から補助金をぶんどる」ために行くのではありません。彼らを招く自治体は、それぞれ具体的な問題意識を持っており、その解決の助けになる人を求めていたからです。「地方創生人材支援制度」でネット検索すれば、どの市町村がどのようなリクエストを出しているかも見ることができますから、ご興味のある方はご覧ください。

官僚をコンシェルジュに

人的支援に関しては、もう一つ「地方創生コンシェルジュ制度」も始めました。コンシェルジュは、一般には一流ホテルにいるお客様係というイメージでしょうが、要は親切な相談員ということです。ある町の町長さんが「こんなことをやりたい」と経産省に相談に来たとしましょう。そこで「いやいや、それはウチの基準に合わないから帰って」という対応をしたら、町長は途方に暮れてしまいます。

そこで「ここところを直せばいけますよ」とか「ウチでは無理ですが、農水省ならばいけるのでは」といった親切なアドバイスをする仕組を霞が関に作ろう——これがこの制度の始まりです。

私は地方創生大臣になった時に、「できません。なぜならば」という台詞を口にしないでほしい、と官僚達に言いました。地方からはいろいろな相談が来るだろう、その時に、「できません。なぜならば」と言って、できない理由を並べていては何も始まらない、ということです。

「できるようになるためにはどうすればいいのか」ということを考えるのが、我々の仕事です。

これも各省庁から希望者を募りました。どの地域の担当になりたいか、ということもセットで聞きました。

それぞれの担当になる理由は何でも構いません。自分の出身地だから、若い頃出向していたまちだから、配偶者の地元だから、縁もゆかりもないが大好きな土地だから等々。

「出身地でも何でもないが、昔お世話になった先生が住んでいらっしゃるので」という理由で希望した官僚もいました。そんな縁でもいいのです。

幸い、数多くの官僚が手を挙げてくれ、その人数は一千人近くになりました。そのため、すべての自治体に対応する相談員が必ずいる、という状況を作ることができています。

たとえば、どこかのまちで「こんなことをやってみたい」というアイディアが出たとします。しかし、予算が足りないので「補助金はないだろうか」と担当者が思ったとしましょう。

その際、これまで多くの場合、担当者は「あのへんの役所に聞けばいいのだろうか」と自分で見当をつけたうえで、飛び込みで連絡しなければならなかったりしたのです。それで話がトントン拍子に進めば結構ですが、実際には「それはウチの担当ではありません」「ウチではできません」といった返事ばかりが返ってきて、たらい回しになることも多かったのです。これではせっかくのアイディアが実現するまでに時間もかかるし、担当者も消耗してしまいます。

しかし、コンシェルジュ制度を利用すれば、まず担当のコンシェルジュに相談することができます。官僚には、ある種の経験に基づく「勘所」のようなものがあるので、どの省庁に聞けばいいかなどがわかっています。

「そういう事業をやるのならば、○○省の○×制度を利用すれば、予算の半分は補助金で賄えると思います」

こういうアドバイスをして、その担当者につなぐことができます。

実のところ、これまでこうした役割を担っていたのが、地元選出の国会議員だったという面があるでしょう。国会議員の事務所には、ありとあらゆる相談が持ち込まれますが、その中には「そもそもこの件をどこに相談すればいいのかわからない」というものがあるのです。そういう相談に対して「それは○○省の○○課に行けばいい」といったアドバイスをするのも、国会議員や秘書の仕事の一つです。

今後も国会議員がそういう役割を一定程度は担うのでしょうが、今後はコンシェルジュ達がより活躍することが望ましいと考えています。

ただし、こうした制度を実のあるものにするには、官僚たちに変わってもらう必要もあります。

これまでにいくつか大臣を務め、多くの官僚と仕事をしてきました。とても優秀な人も多いのですが、困ったことに「難しいことを難しくしゃべる」人がとても多いというのが実情です。本来必要なのは、「難しいことをやさしくしゃべる」説明能力なのですが、なかなかそれができる人は少ない。酷い場合には「やさしいことを難しくしゃべる」者までいる。

余談ですが、私が某省の政務三役をしていた時に、こんなことがありました。官僚が持ってきたペーパーがあまりに文字数が多いので、「とにかく字の数が多すぎる。二枚ではなく一枚の紙にまとめてください」とお願いした。すると、両面印刷というテクニックで一枚にまとめてきたのです。トンチがきいていると言えなくもありませんが、こんなことでは困ります。

地方から相談に来た人たちには、とにかく親切、正直、丁寧に対応する。まさにホテルのコンシェルジュと同じような姿勢を持つことが、このコンシェルジュ制度に求められる根本です。

これまで官僚の目は、どうしても中央に向きがちでした。地方から日本を元気にしていくためには、その意識も変えていく必要があります。

その意味で、コンシェルジュ制度は、単に地方の人の利便性を高めるだけではなく、官僚の意識革命にもつながるのではないか、霞が関における一種の文化革命のようなものとなりうるのではないか、と考えています。

より大規模な意識改革につながるものとしては、省庁の地方移転もありますが、これについてはまた後述いたします。

5　外資アレルギーから脱却を

海外投資は伸びしろである

日本という国は海外からの直接投資が非常に少ないという特徴があります。海外からの直接投資のＧＤＰ比率は、わずか四・八パーセントで世界百八十二か国中何と百七十九位だというのです（二〇一五年）。

一位のシンガポールは、二九六・二パーセント、つまりＧＤＰの約三倍もの金額が投資されています。新興国だから高いのだろう、と思われるかもしれませんが、先進国も軒並み日本よりもはるかに高い比率を示しています。イギリス五六・五パーセント、アメリカ三一・一パーセント、フランス二五・六パーセント、ドイツ一九・三パーセント、韓国一二・八パーセントです。

このランキングで日本よりも下位にあったのは、ネパール、ブルンジ、アンゴラのみです。それらの国が劣っているという意味ではありませんが、あまりにも寂しいランクだ、とデータを見て感じる方もいるのではないでしょうか。このことについて、私は大臣になって初めて知ったのですが、財界の集まりなどでお話ししてもご存じの方はほとんどいない。みんな「えーっ！　そんなに下なの」といった反応でした。

しかもこの投資金額（約十八兆円）の内訳を見れば、約七割が東京に集中しているという状態です。

これは決して誇れる数字ではありません。なぜこのようになったのか。一番の理由は、これまで積極的に海外に投資を呼びかけてこなかったことです。考えてみれば、日本にフォードやGM、GEといった海外の大企業の工場が建ったという話も聞いたことがない。二〇一五年三月には、横浜市内のパナソニックの工場跡地にアップルが開発拠点を作ることが報じられましたが、これは極めて珍しい例です。

なぜ海外に向けて投資を呼びかけてこなかったかといえば、戦後、日本人が一所懸命働いて、自分たちだけで何でもできるようにしてしまい、それで何とか充足してきたということなのでしょう。

それ自体は素晴らしいことなのですが、その負の面として、外資を呼び込む法整備、環境整備などの活動が後手に回ってしまいました。

が、考えようによっては「伸びしろ」だとも言えます。特に地方は、こうした投資を呼び込もうといった発想をほとんど持たぬまま、ここまで来たのですから、「伸びしろ」は大きいはずです。

「そういう大きな戦略は国家が考えるべきことで、自治体の領域ではないでしょう」

そういう人もいるかもしれません。しかしそれは間違いです。

これまでのように、「どこか大企業が来て、工場を作ってくれたら何とかなる」「交付金で公共事業をやれば何とかなる」といった考え方が通用しないのはすでに述べた通りです。地方を維持、活性化するには、自治体もまた、これまでやっていなかったことに挑まねばならないのです。

ニューヨークで売り込みをした首長たち

どうすれば海外からの投資を呼び込めるのか。

これはもちろん、まずは経産省が取り組むべきテーマです。今後、二〇二〇年までに十八兆円を三十五兆円に倍増させようというのが現在の目標です。

そして、中央のみならず、これからは自治体も真剣に取り組んでいくべきです。

実際に、すでに政府もそうした取り組みを支援しています。あまり知られていないのですが、二〇一四年には、国連総会の開催に合わせて、ニューヨークで地方の首長にも出席してもらい、投資セミナーも行いました。これには安倍首相の他、京都市長や和歌山県知事、美作市長など、このテーマに積極的なマインドを持つ首長が出席して、直接、「わが県（または市）に投資しませんか」と呼びかけたのです。このようなマインドがより地方に広がり、定着すれば、状況は変わっていくのだろうと思います。

これまで、このように積極的に投資を呼び込むことはしてきませんでしたが、政府は、こうした誘致活動への協力をしていきます。幸い、知事や市長の中にも海外勤務経験のある人も増えてきており、それもまた追い風になることでしょう。

もちろん我々がただ「来てほしい」と繰り返したところで、先方からすれば投資に踏み切れない理由もたくさんあることでしょう。「日本語が難しい」「英語を話せる人が少ない」「商慣習が複雑だ」等々、そういったことについては、実際に来ていただいて、意見や希望を聞きとるような作業も必要になるかもしれません。

これまでこうしたことが進まなかった理由は、国内だけで経済が回っていたということの他に、「外資」というものへの、感情的な反発心や過剰な恐怖心もあったからのように思います。外資が入ることで、日本の良さが失われる、文化や共同体が破壊される、といったイメージを持つ人はいますし、そうした論を唱える識者もいます。

しかし、もはやそんなことを言っている場合ではありません。少子化、高齢化が確定している中で、一定の経済成長を図るのであれば、外国からの投資は不可欠なのは明らかです。安倍政権が掲げたGDP六百兆円という目標に近づけるためにも、海外からの投資を増やしていくという意識が必要になります。

5　外資アレルギーから脱却を

町おこしを進めるには、「若者」「バカ者」「よそ者」が必要だ、とよく言われます。「若者」は説明不要でしょう。「バカ者」は、無鉄砲なこともやる勇気を持つ人、そして

「よそ者」は地元の人とは別の視点を持つ人のことです。長く地元にいると、その良さ、悪さを客観的に見られなくなることがあります。これを変えていくためには、「よそ者」の視点が重要だということです。

国内のみで考えれば「よそ者」とは「他の地方から来た人」ということですが、日本全体で考えれば、外国人ということになります。その新鮮な視点を導入しない手はありません。

超高級ホテルの需要

話はちょっと横に逸れますが、日本に数多ある空港に、ビジネスジェット（いわゆるプライベートジェット）が着陸する回数は全国で年間二千八百回程度だそうです（二〇一二年時点）。これはヨーロッパの主要空港の十分の一以下です。なぜそうなのか。

実際に飛ばすよりもかなり前にフライトプランを出さないと、許可が下りないという規制があるからだそうです。規制がヨーロッパよりもはるかに厳しいということでしょう。

回数を増やすためには、規制を緩める必要があるでしょう。特にアラブなどの富裕層を呼び込むには有効かもしれません。近年、中国人観光客が多数日本に来ていることはよく報じられていますが、実は中国の本当の富豪はそんなに来ていない、という説もあります。そうした人達が日本に来る回数が増えれば、経済効果も見込めます。地方空港ではこういうことを試してみるのもいいでしょう。

羽田、成田もかなり便数が増えたとはいえ、世界の空港、たとえばヒースローやあるいは中国、韓国の主要空港と比べると結んでいる都市の数が圧倒的に少ない。これをどうやって増やしていくかを考えることも、外国人観光客の増加に直結します。

こうした富裕層を呼び込むことについては、デービッド・アトキンソン氏が刺激的な指摘をしています。元ゴールドマン・サックスのアナリストだったアトキンソン氏は、いろいろな経緯があって、現在は国宝、文化財の補修を手掛ける小西美術工藝社の社長となっています。

彼は、日本の観光業について『イギリス人アナリスト　日本の国宝を守る』（講談社＋α新書）、『新・観光立国論』（東洋経済新報社）等の著書で数多くの提言をしています。元アナリストらしい具体的なデータに基づいた意見ばかりで、いずれも興味深く傾聴に値するものばかりです。

たとえば、「日本には富裕層向けのホテルが無い」と彼は指摘しています。帝国ホテルなど、高級ホテルがいくらでもあるじゃないか、というのは日本人の感覚に過ぎないというのです。スイートルームが一泊三十万円と聞くと、私たちは「それは高い」と驚き、お金持ちはそういうところに泊まるんだろうなあ、と思います。

しかし、世界の富裕層が泊まるスイートルームの値段は、そんな程度ではない、というのです。世界レベルの高級ホテルの最上級の部屋は、一泊数百万円が相場です。当然、そこに泊まる人は、滞在中にもケタ違いのお金を使ってくれることでしょう。世界中から観光客を呼ぼうと考えている日本であれば、そういうホテルがあって悪いはずがありません。ところが、アトキンソン氏によれば、ビル・ゲイツが来日して泊まれるレベルのホテルは、東京にもわずか、大阪、京都でも一軒ずつくらいだと言うのです。

「一泊数百万円を求めるお客さんを狙ったホテルを作ろう」といった発想は、外資系的な視点を持っていないとなかなか出てこないのではないでしょうか。彼らは良くも悪くも目ざといですから、ホテルなどは儲かりそうなところにかなり進出してきています。東京、大阪といった大都市以外では沖縄には外資系ホテルがかなり多く作られています。

「よそ者」の視点

交通機関では、「みちのりホールディングス」が、「よそ者」の視点を取り入れて成功した例として挙げられるでしょう。この会社は茨城、福島、岩手などのバス会社の他、湘南モノレールも運営しています。

こうした地方のバスというと、赤字で儲からず、次々廃線しているようなイメージがあるのですが、同社が運営するようになってからは黒字経営となっています。魅力的な観光バスを走らせたり、それを地元の人と共用できるようなシステムを作ったりと、従来のバス会社がやらなかったような取り組みによって、成果を挙げているのです。

この「みちのりホールディングス」は、経営共創基盤というコンサルティング会社が一〇〇パーセント出資して作られた会社です。経営共創基盤のトップは、『なぜローカル経済から日本は甦るのか』（ＰＨＰ新書）等の著者として知られる冨山和彦氏。冨山氏は、長年外資系コンサルタント会社に勤めていた方です。

その「外資的」な視点、「よそ者」の視点を活用したことで、同社は成功しているのだと思います。あくまでも「よそ者」というのは、国籍や出身地の問題ではなくて、そうしたマインドを持っている人、ということです。

乗り物の例をもう一つ挙げましょう。千葉県のいすみ市や、大多喜町に「いすみ鉄道」というローカル線が走っています。ここもよくある話で、利用者が激減、赤字化、そして廃線の危機に立たされていました。いすみ鉄道は社長の公募に踏み切り、英国航空の旅客運航部長という仕事を辞めてまで応募して社長に就任したのが鳥塚亮さんでした。奇しくも前職が外資系という点で、冨山さんと同様です。

鳥塚社長が公募によって選ばれてから「いすみ鉄道再生委員会」が存廃の判断をする期限まで、わずか九か月。この短期間で何らかの成果を上げられなければ、いすみ鉄道は廃線になってしまいます。そこで「よそ者」社長は、ローカル線のイメージに最もマッチし、女性に人気のある「ムーミン」を前面に押し出した「ムーミン列車」をスタートさせました。もちろん、列車にムーミンの絵を貼るだけでは人は来ません。駅構内に直営のムーミンショップ、枕木オーナー制度など、立て続けにカネのかからない集客戦略を打ち出すとともに、「地域の方々に愛される」ことを最優先として沿線住民も巻き込みながら、アピールを続けました。結果、観光客の誘致に成功し、無事いすみ鉄道は存続が決定。その後も、自己資金七百万円を負担してもらう運転手養成プラン、「ここには『なにもない』があります」という斬新なキャッチコピー、鉄道マニア垂涎の「キハ52」系車両の導入など、次々と新しいアイディアを実現しては、お客様を魅了しています。

詳しくお知りになりたい方は『ローカル線で地域を元気にする方法　いすみ鉄道公募社長の昭和流ビジネス論』（晶文社）、『いすみ鉄道公募社長 危機を乗り越える夢と戦略』（講談社）などの鳥塚さんの著書をお読みいただければと思います。

ＵＳＪも「よそ者」でよみがえった

舞台は自治体ではなく企業ですが、「ユニバーサル・スタジオ・ジャパン（ＵＳＪ）」の立て直しで有名な森岡毅氏もまた、良い意味での「よそ者」の代表例として挙げられるでしょう。二〇一五年のＵＳＪは過去最高の入場者数となり、月によっては東京ディズニーランドを抜いたと伝えられました。ＵＳＪは二〇〇一年の開業当初は話題性もあって、年間一千百万人を超える動員でしたが、その後下降気味となり、八百万人台にまで落ち込んでいました。それを立て直したのが森岡氏です。

注目すべきは彼の経歴で、USJに来る前は、P&Gという外資系企業でマーケティングの仕事をしていたそうです。つまりテーマパークとは何の関係もない「よそ者」だった。しかし、だからこそ新鮮な目で問題点を洗い出し、改善を進めることができたのです。

森岡氏の著書『USJのジェットコースターはなぜ後ろ向きに走ったのか?』(角川文庫)は、「新鮮な目」の重要性を良く教えてくれる、とても面白い本です。USJ内部の人間が「あまり売りにならない」と思い込んでいたショーの魅力を、「よそ者」である森岡氏が「発見」することで、新たな集客の呼び水となった、といったエピソードは示唆に富んでいます。

もちろん、何でもかんでも「外国人だから」「外資系だから」とありがたがる必要はないでしょう。あくまでも大事なのは、「よそ者」の視点を持つということ。そして、そのためには外資に対してアレルギーを示すのではなく、積極的に付き合いを深めていく方が建設的だと考えています。

敵視からの脱却を

「ハゲタカ」といった言葉に象徴されるように、どうしてもメディアは外資系企業、外国人経営者、外資に対して警戒感を持ったり、敵意を持ったりしがちです。そして、時には日本側との対立を煽り、面白がります。

しかし、日本人の雇用を守るという視点からも、そのような考え方に固執すべきではないのではないでしょうか。日本人だけでがんばって業績がパッとせずにリストラを繰り返す会社と、外資が入って業績が伸びた会社、どちらが従業員にとって良い会社なのか。答えは明らかです。

そもそも、多くの企業においては、すでに外国人経営者や役員を招いており、成功を収めている例もあるのはご存じの通りです。日産にカルロス・ゴーン氏がやって来る時には、黒船襲来のような報道もなされました。

確かに、ゴーン氏は大胆なリストラを断行しましたが、その結果として日産は業績を伸ばしました。もはやゴーン氏について、冷酷非情なコスト・カッターというイメージを持つ人は少なく、優秀な経営者だという認識が一般的ではないでしょうか。

そもそもゴーン氏は人員削減を断行した一方で、残った従業員の賃下げなどは行わなかったそうです。これは彼らの労働生産性を下げないためでしょう（余談ながら実際にお会いして、呑みながら話してみると実に面白い方です）。すでにゴーン氏が「黒船」としてやって来てから、十八年が経っています。

他方で、日本人のみでやってきた企業が、本当に社員に手厚い待遇をし続けたと言えるのでしょうか。大規模なリストラを断行した企業の多くは、日本人経営者が日本人社員を減らしていたのではないでしょうか。

また、この十年ほどの間、世界の先進国の中で、労働者の賃金を下げ続けてきたのは、日本だけです。労働生産性を上げることや、商品の価値を上げることよりも、目先の利益を優先するあまりに、そのような対処法が取られていたという面は否定できません。欧米はこの間、賃金を上げ続けてきています。そこには労働生産性を上げるという明確な目的があったのです。

ごく簡単に言えば、「生産する価値をそのままにして賃金を下げる」か「生産する価値を上げて賃金を上げる」か、という二つの選択肢で、日本は前者、欧米は後者の立場を取ってきたということでしょう。しかし、前者の道では先細りになるだけです。

このように考えると、外資だから、外国人だからという理由で、受け入れに消極的なのは、あまり合理的な思考ではないように思えます。

これから投資を呼び込むというのであれば、カネだけではなくてヒトも、より一層受け入れていくことになるでしょう。その際には、ただ何でも受け入れればいいわけではなく、リスクの面についても注意をする必要があるのは言うまでもありません。どのような人ならば受け入れ可能なのか、どのようにして危険な人を見分けるのか、その対策は常に講じる必要があります。しかし、そうしたリスクを過大に評価して、臆病になることには意味がありません。治安の問題にしても、日本人が一切犯罪に手を染めず、外国人ばかりが悪事を働いているといった事実はないのですから、必要なのは日本人でも外国人でも犯罪者への有効な対策を講じることです。

こうした海外からの投資を呼び込むことについては、自治体、首長によってかなり差があるのが現状です。さきほど触れた、ニューヨークでのセミナーに出席したような人達、海外勤務経験がある人や、経産省出身の人、あるいは京都のような国際都市の人は、こちらから働きかけをせずとも、自分から積極的に出ていきます。

しかし、そうではないところに対しては、ＪＥＴＲＯ（日本貿易振興機構）がセミナーを開くといった施策が必要になると思います。その際にも首長たちがまず、自分たちの地方の強みや弱みについて正確に把握して、分析しておく必要があるでしょう。手取り足取り、やり方を教えてもらえるなんてことを期待されては困ります。

ただ、どの都道府県であっても、何らかの強みは存在しており、まだ打ち出せていない魅力があるはずだと思います。アトキンソン氏は、日本の文化財にはまだまだ観光資源としての潜在能力があると述べています。その考えをもとにすれば、どの都道府県にでも、名刹古刹の類、国宝などは存在しており、それらは十分観光資源になりえます。また、これまで大資本が入っていない田舎の方が、かえって魅力的なリゾート地になる可能性もあるでしょう。

東京や大阪のような大都市で、買い物をしたい、といった観光客ばかりではありません。できるだけ素朴な田舎でのんびりしたいというニーズもあります。そのことは、日本人が海外に行くときのことを考えれば明らかでしょう。フランス旅行で、パリだけで満足という人もいれば、田舎の田園風景を楽しみたい、そういうところに長期滞在したい、という人もいます。むしろ、旅慣れた人は、だんだんありきたりの観光地では満足しなくなるものです。その意味では、これまであまり何もしなかったことが災い転じて福となす、となる可能性もあります。

もっとも、呼び込んだはいいものの、「ウチの人間は英語もフランス語もドイツ語も中国語もできません」というのでは話にならないでしょう。戦略的に事を進めていく必要はあります。ただし、外国語ができる人を育成することや、日本語ができる外国人を雇用することは、そんなに手間ではないと思います。

ちなみに、ここでは海外投資の呼び込みについてお話ししてきましたが、逆に打って出ることについても積極的に進めていくべきです。すでに中小企業であっても、ビジネスチャンスを海外に見出そうという動きは活発になってきています。ＪＥＴＲＯのそういう事業は競争率四倍くらいの人気だそうです。

ただ、「そこで何をしたいのか」「何ができるのか」といったことを分析する必要があるでしょう。単に「海外に出たい」という願望を持つだけではなく、戦略的な視点が求められます。

6　観光はA級を目指すべし

労働生産性を上げるという視点

海外からの投資を呼び込むと同時に、労働生産性を上げていくことも不可欠です。労働生産性とは、ごく簡単に言えば、労働者一人が一時間に生み出す金額のこと。労働生産性が高い、ということは一時間あたりに多くの金額を生み出しているということですから、効率良く働いていることになります。

そもそも、日本の労働生産性は世界の中で高いほうとは言えません。何となく「日本人は勤勉に働いて、不況とはいえ、ちゃんと稼いでいる」というイメージを持っている方もいるかもしれませんが、実際にはそうでもないのです。たとえば、一人あたりの名目GDPを見た場合、日本は約三万六千ドルで二十六位。一位のルクセンブルク、二位のノルウェーあたりは、人口が少ないので単純に比較できないかもしれませんが、オーストラリア（五位、約六万一千ドル）、アメリカ（十位、約五万五千ドル）、ドイツ（十八位、約四万六千ドル）と比べても、かなり低いことは確かです（二〇一四年）。

業種別で見ても、サービス業の労働生産性はアメリカを一〇〇として見た場合、ドイツが八七・六、フランスが七六・二、イギリスが六七・九で日本は五三・九です（二〇一三年）。韓国の三六・三よりは良いとはいえ、自慢できる数字ではありません。なお、ここで言うサービス業とは、接客業のことだけではなく、「電力・ガス・水道」「建設」「卸売小売り」「飲食・宿泊」「運輸・倉庫」「金融・保険」を含んでいます。

この中でも「飲食・宿泊」の低さは顕著で、アメリカを一〇〇とした場合、二六・五です。かなり大雑把に言えば、アメリカ人が一時間で生み出す金額を、四時間かけて生み出しているということになります。

これらはすべて決して良いことではありませんが、一方で先ほどの海外からの投資と同じことが言えます。すなわち、この低さは「伸びしろ」を示していると考えられる、ということです。

地方の生産性はまだ伸ばせる

観光に関しては、別のデータも「伸びしろ」があることを示しています。二〇一三年に日本のGDPに占める観光の割合は、一・九パーセントでした。同じ年の比較は難しいのですが、スペインは五・九パーセント（二〇〇八年）、オーストリアは五・五パーセント（二〇一一年）、ドイツは四・四パーセント（二〇一〇年）ですから、まだまだ伸ばしていくことは可能でしょうし、また伸ばしていくべきです。この数年で、海外からの観光客数が飛躍的に伸びていることは報道などでご存じのことと思います。二〇一六年には訪日外国人が二千万人を超えました。が、これで満足していてはいけないのだと思います。

日本国内での労働生産性を見てみると、ここでも自治体によって大きな差があることがわかります。二〇一二年のデータでは、一位の東京が千九十万円。対して最下位のわが地元、鳥取県は六百万円となっています。基本的に大都市がある自治体は高く、田舎のほうが低い傾向にあります。これもまた、地方には伸びしろがあることを示していると言えます。

そもそも現在、地方の観光業は人手不足の傾向もあるわけですから、生産性を上げていかざるをえないのです。具体的にどうするか。ごく単純な例で言えば、かつての旅館であれば、フロント専従、掃除専従、といった人がいました。しかし、ＩＴや電気機器の進化によって、いくつかの仕事は兼務も可能になっているとすれば、一人で何役かつとめることはそう難しくはない可能性があります。仮にこれまで二人でやっていた仕事を同じ勤務時間内に一人でこなせば、労働生産性は二倍になります。

その分、雇用を減らせということにはなりません。そもそも地方は人手不足ですから、これからはむしろ、生産性を上げないと回っていかないのです。

古い「代理店お任せモデル」

かつて三十年ほど前までの日本の旅館、ホテルには一つの定型的なビジネスモデルがありました。ＪＴＢなど大手旅行代理店に営業のかなりの部分をお任せして、あとは待つだけ、というものです。企業や団体に「一泊二日、温泉、飲み放題付き」のようなメニューを買ってもらうだけで儲かっていた。お客に提示するメニューもさほど工夫の必要はなかった。

どこの温泉旅館に行っても同じような料理が出てくるなあ、という感想を持った方も多いのではないでしょうか。実際、景気が良かった頃はこれで成り立っていたのです。しかし、もはやそういう時代ではありません。消費者の価値観は多様化しています。まだ私くらいの年齢であれば「社員旅行って楽しかったなあ」というノスタルジックな気持ちがあります。また、最近では社員旅行の価値を見直す、といった動きもないわけではないようです。

それでも大きな流れとしては国内の社員旅行をはじめとする団体旅行の減少傾向は変わらないでしょう。

そのような時代に、これまでと同じようなサービスを、変わらない陣容で提供しても先がないことは目に見えています。

かつての旅館と旅行業者の関係は、かつての農業者と農協との関係に似たものがあるかもしれません。多くの農業者は農協に作物をおろしたら、それでおしまい。旅館も旅行業者に営業を頼んだら、それでおしまい。それ以上の工夫を主体的にしなくてもビジネスが成立していた時代がありました。でも、それではもう通用しません。

顧客との直接の取引がなかったから、顧客の細かいニーズに応えた多様なサービスを考えなかったという面があるのではないでしょうか。だとすれば、それはまた間違いなく「伸びしろ」です。「そんなことはない、いつも顧客のために工夫してきた」という旅館ももちろんあるでしょうし、それならばとても素晴らしいことです。

しかし、意外なほど旧いビジネスモデルから脱却できていない旅館、ホテル、観光地が多く残っているのも事実です。ここでも「よそ者」の視点でチェックすることが求められていると思います。

先ほど、超高級ホテルの必要性についてお話ししましたが、外国人観光客に対しては、またそれぞれ別の工夫が必要になるでしょう。特定の地域の人を呼び込もうと考えたら、それに対応する策が必要になります。その国の言葉を話せる人を増やしたり、宗教的戒律を踏まえての食事メニューを考えたり、といったことをしなければなりません。

これもまた、これからの課題であり、伸びしろであると考えられます。

神奈川県秦野市に「鶴巻温泉　元湯　陣屋」という由緒正しい旅館があります。明治天皇がお泊りになられたという部屋があり、また名棋士たちの数々のタイトル戦が行われることでも有名な、一万坪の美しい日本庭園を誇る宿です。しかしこの宿も、リーマンショックの頃に深刻な倒産の危機に見舞われたのです。

これを立て直したのが、現社長の宮崎富夫さんでした。宮崎社長はもともと本田技研のエンジニア。もちろん、旅館経営には全くの素人でした。しかし彼は世界企業たるメーカーの視点とエンジニアの発想を持っていました。彼の目からすると、当時の陣屋の経営には多くの問題点がありました。

そこで彼は、顧客満足度の向上と経費の節減を目標に、なんと自ら開発したＩＴシステムを導入します。そしてスタッフの業務の効率化を図り、浮いた時間で徹底的にお客様と接し顧客ニーズをつかんできめ細かいサービスにつなげるとともに、スタッフの給与アップも実現します。さらに残される食事を分析し、多くのお客様が残すものは出さない、その分他の食材を豪華にする、といった工夫を積み重ねました。

結果、陣屋はたった六年間でその売り上げを六割伸ばすことに成功したのです。これは「新しい視点」による改革の見事な成功例です。

インバウンド頼みではいけない

二〇一五年は、海外からの観光客が増加し、「爆買い」「インバウンド（訪日外国人旅行）」といった言葉が流行語になりました。旅行業、サービス業にとって、インバウンドが大きな可能性を持つ存在なのは間違いありません。観光業界にとって、外国人旅行客は救世主的な存在になりつつあります。二〇一五年、箱根山の噴火で一時期観光客が激減した箱根も、それまであまり力を入れていなかった外国人観光客の誘致を積極的に行ったことで、苦境を脱したそうです。

政府としても、外国人観光客はまだまだ増やしていけると見ていますし、そのための施策を打ち出していきますから、今後も増加傾向は続くでしょう。

ただ一方で、インバウンドにのみ過大な期待を抱くことは避けるべきだと思います。というのも、実はどんなにインバウンドを増やしたところで、旅行産業全体に占める売り上げの二〇パーセントくらいまでが限度だと見られているからです。しかも、中国の景気や為替の動向次第ですぐにまた減少することも十分ありえます。

もちろん、欧米からの旅行者を増やせれば、その分でカバーできるかもしれませんが、それもまた何らかの要因で減少するリスクは常にあるわけです。

これからも海外からのお客様をもてなしていくための努力は続けるにしても、国内の需要も高めていかねばなりません。こちらのほうが安定的な需要なのですから、日本人の旅行を増やすことが王道です。インバウンドが持て囃される一方で、日本人の旅行者数はほとんど増えていません。それについてもまだまだ工夫の余地は残っていると思います。

この点で、注目すべき存在の一つは星野リゾートでしょう。同社の経営する宿泊施設は、海外からの旅行客や団体旅行を主なターゲットとしていません。そして、宿泊料金は決して安いとは言えません。場合によっては、旅行代理店のパックツアーの数倍かかることもあるでしょう。

それでも多くの日本人の旅行者がそこに宿泊し、そしてリピーターとなっているのです。安易に安売りに走るのではなく、一級のサービスを提供して、相応の料金を払ってもらう。このようなビジネスのあり方には学ぶところが多くあるように思います。

「ななつ星」に乗って

　JR九州の「ななつ星in九州」に、同社会長の唐池恒二さん、「ななつ星」のデザイナーである水戸岡鋭治さんと一緒に乗る機会がありました。ご存知の方も多いでしょうが、「ななつ星」は、九州を一泊二日や三泊四日で回る豪華寝台列車です。

　一流ホテルと比較しても遜色のない客車、ダイニングルームは見るだけでほれぼれする出来栄えです。その豪華さや価格設定がスタート時から大変な話題を呼び、今でも予約があっという間に埋まる人気を誇っています。車内の食事は、地元九州の素材を使った創作和食やフレンチ。最高金額の部屋に乗れば、三泊四日で百万円近くかかるのですが、それでもすぐに売れてしまうのですから凄いことです。何でも、旅を終えた人の多くが、感動で涙を流すのだそうです。

　残念ながら、テレビ取材の一環で数時間のみでしたが、乗車中は鉄道ファンとして至福の時間を過ごせました。その乗車中、三人で焼酎を飲みながら、あれこれ話したものですが、その時、唐池さんが、しみじみと仰っていた言葉が非常に印象的でした。

「石破さん、日本語が通じて、日本の習慣が通じる素晴らしいところがいっぱいあるのに、なぜそれをみんな売りにしないんでしょうね」

本当にその通りだと思います。

JR九州のリゾートトレインは、水戸岡さんの方針もあって、がんばっている土地にしか列車を止めないようにしているそうです。がんばって町おこしをしている、がんばって特産品を売ろうとしている、がんばって人を呼ぼうとしている、そういうところに列車を止めるというのです。

決まりきった観光地以外にも、素晴らしい土地はいくらでもあります。その中で、前向きに努力しているまちに「ななつ星」が止まる。そのおかげで、観光が活性化する。実際にそういうことが起きているのです。

日本人を取り込むには、「アジアや欧米、アフリカもいいけれど、気楽に行けるところ、身近なところでこんなにいいところが日本にはありますよ」ということをもっとアピールしなければなりません。そして、別に大げさなことを言わなくても、本当に素晴らしいところは多くあるのです。

ただ、それを私たち日本人が知らないだけです。たとえば西日本の人間は、東北、北陸のことを知らない。逆に東日本の人は今でも島根と鳥取の区別がつかない、というのがふつうでしょう。そういう人たちにこれまでよく知らなかった地方の魅力を伝える時に、有機的に機能することを期待されているのが、鉄道やバスといった交通事業ではないかと思います。「ななつ星」はその模範生のような存在です。

他のＪＲ各社もその成功に刺激されて、次々と新しい豪華寝台車などを開発しています。これはとても良い動きだと思います。

A級グルメを目指す町

ここで注意しておきたいのは、「町おこし」という時にセットのように語られる「ゆるキャラ」「Ｂ級グルメ」のことです。たしかに「くまモン」や「ふなっしー」、あるいは「富士宮やきそば」のような成功例に見られる通り、そうしたアプローチも時に有効でしょう。しかし、どこもかしこもがそういうやり方をする必要はないように思います。「ななつ星」が想定している、がんばっている土地というのも、そういうものではありません。

私が面白いと思ったのは、島根県邑南町の取り組みです。広島県との県境にある人口一万人ほどのこの町は、「ウチはA級グルメしかやりません」と宣言しています。

「本町の生産者が真心・愛情をこめて手間ひまかけてこだわって作った食材だけを使い、料理人が食材へのこだわりと愛情を持って調理・提供することによってお客様に感動を与え、また町民に地域に根ざした農業や食に対して抱く愛着・誇り・自負心を生み出す取り組みを称して、『A級グルメ』としています」

というのが、彼らの考えです（同町観光協会HPより）。

石橋良治町長は地元の出身で、京都の大学で学び、都会で物流の仕事をしていたところ、ある時請われて町議会議員になり、そして町長になった、という経歴の持ち主です。彼の考え方は、「B級グルメをやっても地方同士の潰しあいになるだけだ。B級グルメはどこででも作れるものだ」というものでした。

そもそもヨーロッパを見てみれば、一番いいレストランがパリにあるとは限らない。産地に近い地方に名店が多くあります。そこにわざわざ車で出かける人のために「ミシュラン」のガイドブックが生まれたのです。タイヤメーカーのミシュランがグルメガイドを作ったのはそういう背景があるのです。

「少々高い金を払ってでも行って食べたい」

そう思わせるものを邑南町で提供したい、というのが町長の考えです。

地元の産品を活かしたレストランをやろう、そのために素材の魅力を活かすのならば、フレンチよりもイタリアンのほうがいい。そう考えて、山形でやはり素材を活かした料理で高い評価を得ている「アル・ケッチァーノ」のシェフである奥田政行さんに協力を仰いで、「里山イタリアン　AJIKURA」という店を開きました。私も現地まで出向きましたが、実に美味しい料理が堪能できました。

メリットは産地に近いことだけではなく、土地代が格安だということです。東京なら二万円は必要な料理が、ここならば一万円くらいで食べられる。ディナーで一番安いコースは、何と二人で六千円です。これなら飛行機の早期予約割引のようなサービスを使えば、そう大差ない出費で美味しいものが味わえるというわけです。

実際には、さすがに東京から飛行機で来るお客さんは多くないようですが、高速道路を使って、広島など周辺の都市から多くのお客さんが来ているそうです。

「ゆるキャラ」も「B級グルメ」も、時に有効ではあるものの、それらの中での「勝ち組」はごくごく限られているように感じます。「ゆるキャラ」の成功条件は、「丸いこと」と「要素を詰め込みすぎないこと」だそうですが、そうしたことを考えて、計算し尽くして作っても、ヒットするのはほんの一部ですし、そのグッズが売れたからといって、それだけでまちに人が来るわけではありません。

そうしたやり方とは別のアプローチをして成功している地域はいくつもあります。その共通点は、「ここにしかない」「ここでしか経験できない」「今しかない」ものは何かといったことをつきつめて考えているということではないでしょうか。これを「今だけ、ここだけ、あなただけ」と言っていますが、観光産業の一つのキーワードだと思います。

地域連携によるプラス効果を

これからの国内観光を考える上では、DMOの取り組みも進めていく必要があります。またアルファベットの略語か、と叱られてしまいそうですが、これは「観光広域連携(Destination Marketing/Management Organization)」という意味です。簡単に言えば、これまで県など自治体単位で考えがちだった観光を、もっと広い単位、「地域」で捉えることによって、より魅力のある観光サービスを提供し、ビジネスチャンスを広げるための組織を作ろう、ということです。

ご自身が旅行なさる際のことを考えてみていただければわかりやすいでしょう。どこかの県のあるお寺を見に行きたい、というのが旅のきっかけだとします。その場合、コースを考えるために、パンフレットを取り寄せたり、ガイドブックを見たり、あるいは観光協会のホームページを見たりします。

しかし、多くの場合、それらは「県」単位で情報が区切られています。そのため、隣の県、さらにその隣の県に行くのが容易であっても、そうしたルートはあまり提案されないのです。

ここでもしも、自治体の壁を超えた提案をすることができれば、二泊三日の予定が、「じゃあついでにそっちにも行こう」となり、三泊四日になるかもしれません。つまりそれだけ地域にお金を落としてもらえるということになります。

このように自治体横断的な観光の中核となる組織がＤＭＯです。観光庁が進めており、組織を作る場合には、国からの補助金も出ます。

そんなプランは、旅行代理店がパックツアーという形で組んでくれているのでは、と思われるでしょうか。確かに、パックツアーにはそうした機能が期待できる面もあります。しかし、どうしてもツアーの場合は、総花的なプランになりがちです。

お寺を見に行きたい人は、いくら観光名所でも近所にある高層タワーやアウトレット・モールにはあまり興味は無いでしょう。ところが、ツアーの場合は、どうしてもその近所にある名所を順に巡ることになってしまう。すると、お寺好きの人にとっては、要らない立ち寄り先が多くなる。そのくらいなら、ちょっと先の他県の別のお寺を見たいのではないでしょうか。

もちろん、今は旅行代理店も細かいニーズに応えられるように様々なプラン、サービスを提供していますし、オーダーメイドの個人旅行も増えています。しかし、地元の側から積極的に情報やプランを提供することで、長期滞在客やリピーターを増やすことができるのではないでしょうか。

すでに国内のDMOでは瀬戸内海に面した七つの県（兵庫、岡山、広島、山口、徳島、香川、愛媛）による「一般社団法人　せとうち観光推進機構」が設立されています。前身となる「瀬戸内ブランド推進連合」が発足したのは二〇一三年で、連携してのブランド強化によって、地域への関心が高まっている手応えを感じての設立だそうです。

休日の分散化の可能性

　また、法律改正も必要なので、いささか大仕掛けな話になるのですが、個人的には連休を分散化することも検討してよいのではないかと考えています。

　現在のように、日本中が一斉に年末年始、ゴールデンウィークに長期間休むという現行のシステムは、いいところもあるとはいえ、デメリットも大きいのではないかと思うのです。これらを分散化すれば、旅行に行きやすくなるという面はあるでしょうし、受け入れる側にとっても効率が良い、ということは生産性が上がることになります。

　また、受け入れる観光業者の方からしても、お客が一時期に集中するよりは、そのほうがありがたいはずです。実際には祝日法の改正などが必要なので、そう簡単な話ではないのですが、検討の余地はあるように考えています。

　不思議なことに、リタイアされた高齢者の方々でも、なぜか休日に動く、という現象が見られるそうです。孫と一緒に旅行したい、という事情もあるのかもしれません。それならば、家族旅行を理由に年間何日かの休みを学校に認めさせる、といった方策も考えられます。

こういう話を「無理だ」「ホラだ」と言うのは簡単です。もちろんすぐに実行できるかどうかはわかりません。しかし、そんなことも含めてアイディアを出しあうことが大切なのではないか、と思います。すぐにできること、誰もが納得できることは、すでに実行されているのではないでしょうか。

今ではすっかりおなじみになった「ふるさと納税」も、構想が語られ始めた頃には、賛否両論でしたし、「できっこない」といった意見も多かったのです。「根本的な地方活性化策にはならない」といった声もありました。

しかし、実際にやってみれば、多くの自治体が知恵を絞って、村や市の魅力を訴えています。思い切ったアイディアを簡単に否定するのではなく、前向きに考える癖をつけていくことが大切なのではないでしょうか。

民泊はリスクも考慮しながら

海外からの観光客が増える中で、俄かに注目を集めるようになったのが、民泊です。

東京、大阪、名古屋といった大都市圏では常にホテルが満室状態。しかも、安い宿はあまり多くない。これでは、せっかくの外国人観光客を逃しかねませんし、また日本人の旅行者やビジネスマンにとっても不都合です。

そこで空き家やマンションの空き室を貸し出す民泊を今よりもやりやすくしよう、という声が強まりました。民間人が民間人に自由に滞在先を貸し出せればいいではないか、という発想です。ホテルを新設するにはコストも時間もかかりますし、さらに将来までこのような満室状態が続くかどうかはわからない。それならば空いているスペースを有効活用すればいい、というのが民泊の基本的な発想です。二〇一七年中には、民泊新法が成立する見通しとなっています。

なぜわざわざ新法が必要なのかと言えば、旅館業法では多くの規制がかけられていて、不特定多数の人に宿泊先を提供するビジネスへの参入はかなり難しいからです。たとえば、ホテルや旅館には必ず「フロント」が必要だとされています。普通のマンションや一戸建てはこの段階で、資格を失うわけです。他にも消防設備や立地に関するものなど、多くの規制があります。

ここで、「あれ？　でも、外国人がアパートを借りることは普通に行なわれているんだから、それと同じように部屋を貸せばいいのでは」と思う方もいるかもしれません。ウイークリーマンションのようなビジネスは、長期滞在を前提として、旅館業法ではなく借地借家法などの範疇となっています。

しかし、多くの旅行者は一か所に一週間以上滞在するわけではありません。使い勝手を考えれば、やはり一泊から利用可能な宿が欲しいところでしょう。

このように考えれば、民泊の推進には必然性があると考えられます。すでに大田区は羽田空港があることもあって、特区として試験的に民泊を可能にしています。

ただし、今後広めていくにあたって、そのリスクを十分に考慮する必要はあります。特に地域との共存は不可欠でしょう。近所に突然不特定多数の外国人が出入りするようになったら、不安を抱く人がいても不思議はありません。

そのため新法では、地域住民の賛成や、日数の制限（年間百八十日以内）といった規制を設けることにしています。地域に来てくれる人が増えれば、そこでの消費も増えるのですから、頭から拒否するのは論外ですが、行政の立場からは、最も悪意のある人が何をするのか、という点についても考えなくてはなりませんから、一定の規制をかけるのは当然でしょう。

それでもなお、犯罪、テロの可能性まで含めて不安を抱く方もいるかとは思います。しかし、現実の問題としては規制をより厳しくして、民泊を禁止にしてしまっても、ネットの発達した現代においては、単にヤミの民泊を増やす可能性が高いのではないかと考えられます。実際に、すでにそうした行為は行われています。

そう考えると、一定の規制をかけながら、民泊もまた観光力を増すための武器の一つとして活用するように考えたほうがいいのではないでしょうか。

7　一次産業に戦略を

一次産業で生産性を上げる

生産性を上げることについて、「それは政府の役割なのか」と疑問を持つ方もいらっしゃることでしょう。企業の生産性は企業が自発的に考えればいい話であって、日本においては政府が介入できる話ではないし、すべきでもない、と。

基本的にはその通りなのですが、たとえば一次産業などでは政府が後押しできる領域もかなりあると思います。この分野では必ずしも「生産性の向上」といった視点を持たずにここまで来たという感がありますし、観光産業の話とも通じますが、マーケティングといった観点も抜けていた面があります。

すべてを企業の論理で進めていくということではありませんが、これまでに無かった視点を取り入れることで、まだまだ成長する余地があるということは一次産業全般に言えることではないかと考えています。

農業、林業、漁業を考えた場合、実は日本ほど恵まれた国もそうはありません。農業とは、土と水と光と温度の産業です。日本ほど土が豊かで、春夏秋冬まんべんなく雨が降り、適度に温暖で、日照量がある国はそうはないのです。

そんな国でなぜ農業が衰退産業のようになってしまったのか。

漁業に関しても同様です。排他的経済水域（ＥＥＺ）の広さは、世界第六位というのは良く知られておりますが、これはあくまでも面積の話です。実は日本の周りの海は深いので、権利を行使できる「体積」という観点では世界第四位です。

そこまで恵まれた環境を持ちながら、国内の漁獲高はピーク時の半分になってしまっています。それはなぜなのか。

林業も然り。世界中、木の切りすぎで困っていますが、日本だけは木の切らなすぎで困っています。木は成長するので、一年に成長する木材だけで日本国内の需要は賄えるほどです。それなのに林業もこうなってしまった。それはなぜか。

こうした問題の原因を取り除けば、大きな伸びしろがあるはずです。
ただ、一口に一次産業といっても、農業、林業と漁業とは異なる性質を持っています。基本的に農業と林業は「ものづくり」に類する産業ですが、漁業の方は養殖を除けば狩猟型に近い産業です。これら三つの産業について述べてみます。

農業に関しては、すでに多くの異業種の企業が参入を始めていることで、生産性といった考え方も広まりつつあるようです。代表的なのはトヨタの取り組みでしょう。愛知県弥富市で「豊作計画」というIT管理ツールを用いたプロジェクトを進めています。「カイゼン」で知られる、トヨタの効率的な生産のシステムを農業に応用していこう、というものです。まだ始まったばかりですが、どのような成果が上がるのか注目されるところです。

実際には簡単な話ではないでしょう。工業のノウハウが馴染む点もあれば、まったく馴染まない点もあるに違いありません。しかし、これまではそういう試みがなかったのですから、やってみる価値はあります。

幸い、一次産業の中でも、社会の農業への関心は強く、また各地で新たな取り組みが多く見られています。

日本の優れた農産物や畜産物を海外に積極的に輸出していこうという「攻めの農業」、あるいは単に作る（一次産業）だけではなく、それを加工して（二次産業）、販売する（三次産業）ところまで視野に入れた「六次産業化」といった言葉を耳にしたことがある方も多いのではないでしょうか（なぜ「六」なのかは、一と二と三を足したからとも、掛けたからとも言われています）。

「攻めの農業」の例としては、海外の富裕層向けのフルーツの輸出などが有名です。イチゴ、リンゴ、メロンなどは、かなり高値で取引されています。

また、「六次産業」については、和歌山県などの取り組みがよく知られています。たとえば紀州産の梅から作る梅干は昔から有名でしたが、最近では新生姜から作ったジンジャーエールなども人気のようです。地元で作ったものを、地元で加工して、道の駅などの直売所で売ることで、必然的に地元に落ちるお金は多くなります。

こうした農業関連の新しい取り組みについては多くの書籍や記事があるので、ここでは詳しく述べません。ただ、補足しておけば、農業に関しては、JA（農協）を諸悪の根源のように語る、いわゆる「農協悪玉論」のような議論を目にすることがありますが、私自身はそのような立場を取りません。もちろん、改革すべき点は多々あるでしょうが、むしろＪＡの持つ機能をポジティブに活用することを検討したほうがいいと考えています。

麻生内閣で農水相をつとめた時に、「地域マネジメント法人」という考え方を農山漁村対策として提案したことがありました。これは、過疎化などで集落機能が低下した地域について、行政とは別の団体を国の支援で作ろう、というものです。ただし、その際にまったく新しい法人を作るのではなく、既存の法人、団体を活用することが望ましい、と私は考えていました。

市町村の合併で、村や町が市の一部となると、それまで村役場が担っていた機能が失われることになります。そういう時に、たとえばＪＡのような組織がある程度、村の課題を解決する基盤となるのではないか、ということです。もちろん、ＪＡ以外の別のＮＰＯなどでも構いません。

このような考えを基に、地域マネジメント法案というものを作っていたのですが、二〇〇九年の政権交代で立ち消えになってしまいました。しかし、方向性としては間違っていませんし、再考の余地は十分にあると思い、地方創生大臣時にもう一度「地域の課題解決のための地域運営組織に関する有識者会議」というのを立ち上げ、二〇一六年八月に中間報告を出していただいています。ここでは地域運営組織はＮＰＯから自治体まで幅広くとらえていますが、ＪＡもその中に入る余地は十分にあります。協同組合の理念は、「一人はみんなのために、みんなは一人のために」です。そういうＪＡを地域にすでにある「資産」と捉えて、大いに活用していくほうがいいのではないでしょうか。

農業特区の意義

農業について、次に問題とされることが多いのが、規制の多さです。農地法など農業関連の法律には、さまざまな「してはいけないこと」が定められています。その中には、現状に合わなくなっているものや、地域によっては緩和しても良いのではないか、というものがあります。

代表的なものとしては、企業の農地所有を禁じていることが挙げられるでしょう。株式会社は農地を所有してはいけないことになっています。これは農地法の思想の根本にある「耕作者主義」によるものです。要は、自ら耕作する者が土地を所有する最適な存在である、という考え方です。農地を「法人」が所有しているケースは基本的に「農業生産法人」によるもので、この場合、法人の役員の過半数が耕作者である必要があります。

なぜこのような決まりがあるかといえば、株式会社は株主の意向で方針が決められ、その株主は往々にして変わりますから、たとえ最初は農地にしていても、そのうち産業廃棄物の廃棄場所にされたりするのでは、といった危惧が背景にあるのです。

耕作者主義は、農地を維持、管理するためには大切な考え方ではある一方で、農業によりビジネスの視点を取り入れることや、資本を導入するうえでネックになっているのは事実でしょう。

たとえば、企業も農地を所有ではなく、賃借することは現在の法律でも可能です。しかし、それでは相続によって所有者が変わった場合に、契約の変更を求められるリスクがつきまといます。更新のたびに値上げされては堪りませんし、「もう貸すのは辞めました」と言われては、それまでにかけたコストが無駄になるかもしれません。

仮に農業にビジネスチャンスを見出した企業があったとしても、そうしたリスク要因があれば参入を阻害することになります。

企業の参入に対しては、懸念もあるでしょうが、むしろ違法な運営に対する取り締まりを強化すればいいのではないでしょうか。そもそも法人であれ個人であれ、許可なしに農地に産廃処理場をつくったりしてはいけないのです。

また、農地法には、農地に生産と関連しない構築物を建ててはならない、というルールもあります。簡単に言えば、農産物を提供するレストランを建てることは禁止されているのです。一方で、貯蔵庫などはＯＫです。

農地に関係のない商業施設、スーパーやパチンコ店を建てるのはおかしいでしょう。しかし、前章でご紹介した邑南町の里山イタリアンのようなものであれば、農業へのプラスにつながるはずです。

もちろん、農地法などによる様々な規制には歴史や必然性があります。だから、法律そのものをいきなり変えてしまうと、新たな問題が生じる可能性は十分あるでしょう。

そこで、まずは希望する地域で、特区の形で試験的に規制を緩めることにしました。現在、全国に様々な特区がありますが、農業では兵庫県養父市や新潟市が代表的な存在でしょう。養父市長の広瀬栄さんは、この分野への関心が高く、真っ先に特区に手を挙げた首長です。

たとえば、ここでは農業関連機器メーカーが農地を所有して、試験的に農業を営んでいます。ただし、彼らの狙いは、農産物そのもので儲けようといったことではありません。製品を開発するにあたって、実際の農地で機械を動かすことが重要なのですが、これまでは自前の農場を持つことができなかった。それが特区によって、ようやく実現したというわけです。

農家レストランも、新潟市の特区で実現し、大変な人気を呼んでいます。見渡す限りの田んぼの中にポツンと建つ一軒家のイタリアンレストランは、そこで採れた新鮮な野菜、お肉、そして新潟の誇る美味しいお米を使った最高級の料理を提供しており、周囲の風景とも相まってまさに「オーベルジュ」といった雰囲気を醸し出しています。

このように、まずは特区で実験をして、それで成功すれば、法改正等も検討していくべきでしょう。

言うまでもないことですが、企業イコール「悪」ではありません。悪い企業もあれば、良い企業もあります。日本においては後者のほうが多いでしょう。その企業と一次産業とが互いにメリットのある関係を構築していくことで、農業の可能性は大きく広がると思います。

林業の持つ可能性

林業でも、企業の持つ品質管理、工程などのノウハウで取り入れられるものは積極的に取り入れていくことが求められます。

もちろん、民間の創意工夫にばかり頼るわけにはいきません。政府として進めることも多くあるはずです。たとえば、国産の木材にはまだまだ伸びしろが十分あると私は考えています。

ヨーロッパには木造十階建て、二十階建ての建物が多く建っています。これはＣＬＴ（Cross Laminated Timber）という木造のパネルを用いたものです。ひき板を繊維方向が直交するように接着した重厚なパネルで、欧米ではかなり普及しており、マンションや商業施設の壁や床として使われています。ビルの壁や床というと、コンクリートでなければいけないようなイメージがあるのですが、そんなことはありません。

「木造でそんなものが作れるというのは、地震がない地域だからなのでは」

そう思われるかもしれません。しかし、実際には日本と同様、地震国であるイタリアでも、これを用いた高層建築が建てられています。耐火性も確保されており、安全性の面では問題ないのです。

パネルを工場で作れるので、工期の短縮にも貢献するとされています。また、断熱性にも優れていて、省エネにも効果があります。合板ですから、一般に製材には向いていないとされる曲がった木でも活用できます。

このＣＬＴの技術を日本でも普及させるメリットは大きいでしょう。日本の国土の六七パーセントは森林なのです。森林の再生なくして、地方創生はないといってもいいくらいです。

この普及のためには、国の力が必要なので、三つの施策を総合的に推進することにしています。

「建築基準の整備」「実証的な建築事例の積み重ね」「国産材ＣＬＴの生産体制の整備」です。建築基準を国が定めないことには、建築業者にとって使い勝手の悪い素材のままです。そこで、まずは主要構造部にＣＬＴを利用するには国土交通大臣の個別認定が必要、というところから始めたのち、二〇一六年四月の国土交通省の告示により、一般的な建築確認でできるようにしました。

また、国内ではまだＣＬＴ建築施工のノウハウが乏しいので、そのために実証的な建築事例を増やす必要があります。

そして、現段階では生産可能な施設が三か所しか存在せず、それも小規模なものですので、大規模生産拠点を整備する必要があります。

この三つの施策を早急に進め、十年後にはＣＬＴの生産を年間五〇万立方メートル（丸太ベースで約一二〇万立方メートル）にすることを目標としています。欧州では二十年で五〇万立方メートルにしたそうですから、その倍を目指します。

もちろん、林業の活性化には他のアイディアも必要でしょうが、このＣＬＴを突破口として伸ばしていくことは十分可能だと思います。

土佐の森・救援隊

林業に関連した素晴らしい取り組みとしてご紹介したいのが、「土佐の森・救援隊」というＮＰＯの活動です。彼らの主な仕事は、地元の山林の間伐です。ＮＰＯというとボランティアのようなイメージもあるでしょうが、そうとも言い切れないのが、この団体の面白いところです。

なぜこの団体が生まれたか。それを理解するには、少し日本の林業の現状を知っておく必要があるでしょう。

国産の木材が私たちの手もとに届くまでには、かなり様々な人や業者が介在しています。山で木を切った業者が製材して販売する、というシンプルなものではありません。木を切る業者、乾燥させる業者、合板にする業者等々が存在し、さらにところどころで卸業者、問屋も関わります。消費者に届くまでには五〜六層構造になっていると考えていいでしょう。

国産の木材に大きな需要があり、ビジネスとして十分成立していた時代ならば、このような分業体制にもメリットがあったのだろうと思います。しかし、現在は安価な輸入材が幅をきかせており、国産材で大きな利益を上げることはとても難しくなっている状況です。

そのため、山林の持ち主は木を林業会社に売っても儲けになりません。それどころか、森林の保全のために必要な間伐をするには、業者側に手数料を支払う必要すらあるのです。

当然、真面目に間伐をして森林をきちんと管理することを怠り、放ったらかしにする地主も現れます。すると森林は荒れていきますから、環境に良い影響は与えませんし、土砂崩れなど災害も起きやすくなります。

国土面積の三分の二が森林という森林大国である日本の大事な国土がこうしたことで崩壊しつつあるのです（このあたりの事情についてご興味のある方は、『森林の崩壊』〈白井裕子著・新潮新書〉を参照下さい）。

前置きが長くなりましたが、土佐の森・救援隊の活動は、こうした現状への打開策を示しています。二百名ほどの隊員たちは、週末などに持ち主の依頼を受けて、間伐を行っています。林業会社がやる仕事に比べれば、伐採の本数、ペースとも大したことはありません。

それでも地元の山林を管理するのには十分有効なのです。しかも、面白いのはそうして切った木材を売ることで、きちんと利益も出しているという点です。必ずしも木材としてではなく、バイオマス発電の材料など用途は様々です。先ほどご説明したような複雑な経路を辿らない分、手元にお金も残りやすい。

ごく簡単に言えば、森林が好きな人が、週末に好きな場所に出かけて、整備をお手伝いして、お小遣いを得ることができるようなサイクルを作り上げているのが、土佐の森・救援隊なのです。彼らは国の補助金などを受けずに活動を成立させています。

里山の発電

林業関連では、岡山県真庭市の取り組みも注目に値します。経済学者の藻谷浩介さんが『里山資本主義』（角川ｏｎｅテーマ21）で紹介したので、ご存じの方も多いことでしょう。

岡山県北部にあるこの市は、中国山地のほぼ中央に位置しており、県面積の一一・六パーセントという県下最大の市でもあります。その面積のうち八割は林野ということもあり、昔から林業や木材産業関連の従事者が多い土地でもあります。ということは、やはり近年は木材価格の低迷や高齢化、人口減少のあおりで産業は衰退傾向にありました。

そこで真庭市では、バイオマス資源を活用する取り組みを始めています。バイオマスとは、木屑、生ごみ、排泄物など再生可能な有機物資源を指します。これらを資源として活用できるようにしよう、という取り組みです。

真庭市は現在、このバイオマスを街づくりの中心に据えた「バイオマス産業都市」という構想を進めています。『里山資本主義』で紹介された例としては、市内の建材メーカーが木屑で発電をするシステムを採用したことで、年間一億円かかっていた電気代がタダになり、さらに売電による収入が月四百万円も入った、というものがありました。

二〇二〇年に開催される東京オリンピックのメイン会場となる新国立競技場は、「杜のスタジアム」というコンセプトで、国産の木材を多用したデザインが採用されることとなりました。こうしたことをきっかけに、日本の林業に活気がもたらされるように願っています。

水産資源の管理には長期的なメリットがある

他方、漁業に関しては、かなり異なる面があるでしょう。それでもこれまでのやり方を見直す必要がある点に変わりはありません。たとえば、資源管理においては科学的な思考を導入する必要があります。

昔ながらの漁師の世界では、「親の敵と魚は見た時にとれ」などといった言葉があるそうですが、そのような姿勢では乱獲は止まりません。問題は、乱獲して資源が減っても、それが必ずしも漁業者にとって痛手になるとは限らないことです。貴重なものは値が上がるから、短期的に見れば、メリットがあると言えなくもない。乱獲を止めるモチベーションが働きづらいのです。

しかし、そのようなやり方に未来はありません。資源が枯渇していっては自分たちの首を絞めるようなものです。長い目で見た場合に、どのくらいの漁獲高があればいいのか、こうしたことについては行政も適切に関与すべきです。

漁業と一口に言っても、沿岸、沖合、遠洋など様々な種類があり、それぞれに自主的な規制を行っているところも多いのですが、長い目で見て漁業者にとって最もプラスになる管理方法を、官も一体となって考えるべきです。

また、これからはより養殖に力を入れていく必要があるでしょう。さすがに最近は少ないと思いますが、ある時期までは「養殖は天然よりも劣る」といったイメージを持つ方も多かったようです。

しかし、もはやそのような時代ではありません。たとえば「鰤王（ぶりおう）」という名でブランド化され、鹿児島県の東町漁協で育てているブリはその高品質ゆえに世界に販路を拡大するほどまでに成功しています。好みもあるでしょうが、今では天然ものよりも養殖のブリのほうを好む人は多く、店頭でも後者のほうが高値ということは珍しくありません。

もともと魚は、「関アジ」「関サバ」「大間のマグロ」のように天然のもののブランド化が先行していましたが、最近では技術の進化により、美味しく、また品質が安定している養殖魚が各地でブランド化に成功しています。

また、千葉県の保田漁協や静岡県のいとう漁協など多くの漁協で、直営レストランを経営したり、直売をするようにしたところ、かなりの評判となり、地域の活性化にも貢献しています。

実は、漁業者については近年じわじわと若者の就業が増えていますが、たとえ従事者数が減ったからといって、極端に悲観する必要はありません。生産性を上げれば、数が減った分だけ一人あたりの収入が増える可能性もあるのです。これは農業でも林業でも同じです。

一次産業というと、収入が不安定だとか、仕事が危険だというイメージがつきまといます。実際に生物、自然が相手の仕事ですから、完全にサラリーマン化するのは難しい面もあるのは事実でしょう。また、むしろある種のギャンブル性に魅力を感じる人もいるのかもしれません。

しかし、産業として永続性を持たせるには、「生産性」も含めて他業種でも通用する視点を積極的に取り入れていく必要がありますし、その流れは止めることはできないでしょう。ここまでに紹介した成功例はいずれもそうした流れの中から生まれたものです。

こうした成功例をどれだけ増やせるか、またそれをどれだけ広めていくかが今後の重要な課題です。

と同時に、一次産業に従事する若者をどうやって育成するかを考えていくことも重要です。農業高校、水産高校など、すでにある専門高校において、いかにスキルを上げ、卒業したらそのまま就業できるようにしていくか。

実は都会で一歩も外に出ず、パソコンの前だけで何時間も仕事をしていてうつ病ぎみになった若者が、自然の中での一次産業に転職し、精神面の健康を取り戻した、という例もあります。みんながみんな同じように大都会の大学に入って、「就職」だけを考えるのでは、多様な幸せは実現できません。

工業高校など「職人」を育成すること、「就職」ではなく「起業」を促進することとも併せ、地域に根付いて高収入を得ていく多様な道を拓けるよう、もっと施策を充実させなければなりません。

二〇一五年に「農林水産高校を応援する会」という議員連盟を立ち上げました。この場において議論を重ね、あるべき方向性を見出して、今後の施策につなげたいと思っています。

8　創生の基点はどこにでも作れる

島留学という発想

島根県の隠岐島という離島では、御多分にもれず、過疎化が進んでいました。
二〇〇八年、「このままでは島が駄目になる」と考えた島の人たちは、島にある隠岐島前高校の改革を進めました。行政、議会、中学校、高校、保護者、同窓会で「隠岐島前高等学校の魅力化と永遠の発展の会」を作り、島以外から生徒を集めるための知恵を絞ったのです。

彼らは東京や大阪で「島留学」を呼びかけました。ＨＰにあるコピーを引用してみましょう。

○学力は大事。でも高校時代に身に付けて欲しいことはそれだけじゃない。
○豊かな自然・文化・人とのつながりの中で、これからの未来を自ら切り拓いていく人間力も身につけて欲しい。
○全寮制の全人教育も良いと思うが、私立校や海外留学は経済的に少し厳しい。
○子どもの可能性を存分に伸ばせる教育環境を探している。

そんな保護者の皆さまや教育関係者の皆さま向けに都会の進学校とは違う隠岐島前高校（公立・普通科）の取り組みと島留学についてご紹介します。

○高校生活は、豊かな自然や素適な仲間と、個性溢れる先生に囲まれながら、充実した3年間を送りたい。
○教室内の勉強だけでなく、一生の想い出に残る貴重な体験やおもしろい活動もやりたい。
○もっと人間的に大きく成長したい。強く優しい人間になりたい。

○将来は自分の好きなこと、得意なこと、やりたいことを活かして、地域や社会に貢献するシゴトがしたい。
○たった一度の人生、夢を見つけ自分らしく挑戦したい。

そんな好奇心に溢れた中学生の皆さんのための『島留学』、高校選びの新しい選択肢をご紹介したいと思います。

いかがでしょうか。この地域の島は四つともが国立公園に指定されるほど、自然豊かな場所です。そういう土地で、我が子にのびのびと高校生活を送って欲しいと考える親御さんがいても不思議はありません。コピーを読むと、何だかわくわくさせられるではないですか。

もちろん、通ってもらうためには、生徒が寝食する場が必要になります。そのための寮なども作りました。こうした取り組みによって、実際に全国から生徒が集まるようになり、とうとう廃校寸前の高校が二クラスにまでなりました（教職員数の関係上、今のところこれ以上は増やせないそうです）。

過疎の町に、若者が増え続けているのです。この一連の取り組みは、今、日本各地はもちろん世界的にも注目を集めているようです。

森林の美術高校

高校を核とした、地方の活性化は他にも例があります。

北海道にある音威子府村をご存じでしょうか。読み方すらわからない方が多いかもしれません。「おといねっぷ」と読みます。

この村は、北海道で最も小さな村です。人口は二〇一六年時点で七百八十九人。ここには北海道おといねっぷ美術工芸高等学校という村立高校があります。

村は早い時期から人口減少の問題に直面しており、昭和五十年代に、前身にあたる音威子府高校は存立の危機にありました。しかし、人口が減ったからといって、高校を失ってしまっては、文化的、経済的な損失が大きいと考えた村は、高校の変革に取り組みます。

そして、村の面積の八割が森林という特徴を生かした高校作りを推進することにしたのです。具体的には、木材の加工、工芸を教育の中心に据えました。こうした取り組みは昭和五十年代から実行されてきましたが、二〇〇二年には校名を現在のものに変更し、「工芸コース」「美術コース」の選択制としました。また、二〇〇八年からは家具デザインの世界での「先進国」であるスウェーデンの高校との姉妹校提携制度も導入しました。

もともと人口が少ない村ですから、いかに魅力的な試みをしたところで、村内の子どもだけを対象にしていては、生徒数は確保できません。そのため、ここでは積極的に村外、道外からの生徒を受け入れるようにしました。彼らのために寄宿舎も作りました。

当初は、こうした方針に反発する住民もいたようです。村立高校である以上、税金を投入しているわけで、「なぜよその子のために税金を使わねばならないんだ」と考える人がいても不思議はありません。

そうした声に対して、村や学校は積極的に情報を発信し、また住民と生徒との交流機会を増やすことで理解してもらうように努めました。生徒たちは、地元の人とすれ違う時には、必ず大声であいさつをするようにしたそうです。また、生徒たちが実際に作った作品を住民たちが見る機会を定期的につくるようにもしました。

これらの地道な取り組みもあって、今では高校は村の中で重要な位置を占めるようになっています。なにせ全人口の二割弱が学校関係者なのです。全人口の三分の一が参加する「村民運動会」は高校の体育祭も兼ねており、高校生が中心となって開催されるようになっています。

近年では、全国各地から入学希望者が集まるようになり、倍率も増加傾向です。定員四十人に対して、二〇〇五年の時点では、三十人（〇・七五倍）でしたが、二〇一四年には六十人と、定員を上回る希望者が集まりました。

人口八百人ほどの村にとって、常に四十人もの新規住民が来るのは大きなことです。若い人たちが多く村にいることが、経済的にはもちろん、精神的にも大きなプラスに働くことは間違いないでしょう。

森のようちえん

「森のようちえん」という取り組みも注目に値します。簡単に言えば、自然の中で子どもを育てようという方針の幼稚園ということになります。もともとは一九五〇年代にデンマークで始まった運動がベースになっていて、それが世界的に広まったそうです。

万が一の事故のリスクなどを考えると、どうしても子どもを屋内や狭い園庭で活動させることになりがちになっているのが現状です。

でも、本当は自然の中で伸び伸びと育てたい、と思う親御さんも多くいることでしょう。そうした人たちのために作られたのが「森のようちえん」です。全国にいくつか出来ていますが、その中でも代表的な存在が鳥取県智頭町のものです。そのホームページから、わかりやすく特色を述べているところを引用してみましょう。

「森のようちえんと一般的な〝施設型〟の幼稚園（保育園）との一番の違いのひとつは、とにかく自然の中で過ごす事を重視する点です。おとなが管理・設定した空間ではなく、自然というある意味なんでもありの（もちろん危険も含む）野外空間で毎日過ごす事は、日々目覚しい発達をしているこどもたちの心と体の成長に様々な刺激を与えます。また、このような野外空間に1年を通して通うことで、日本特有の四季の移り変わりの美しさや、暑さ寒さ、雨や雪といった気象現象にも負けないたくましい心と体がはぐくまれます。私たちがフィールドとして重視している森という空間は、木や草や花、キノコ、動物や昆虫など様々な生き物たちに出会える場所でもあります。

このように、野外で一年中過ごすことでこどもたちの体と、幼児期に特に発達するといわれている五感を、自然という美しくも厳しい環境の中で鍛えていく事ができ、自然の中には人間以外にも様々ないのちがあるという事を感覚としてつかんでいきます」「また、森のようちえんのもう一つの特徴は、こどもの自主性を尊重し〝見守る保育〟を徹底して行う事です。おとなはともすると、こどももかわいさからついつい〝転ばぬ先の杖〟を与えてしまいがちです。しかし、幼児期という心と体が未熟なこの時期に、小さな失敗を含むたくさんの経験をしておく事は、今後の成長にとって実はとても大切なことなのではないでしょうか。森のようちえんにおけるおとなの役割は、ただただこどもの〝共感者〟として、一緒に森をおさんぽし、こども自らがつかみ取り経験していく様子をそっとにこにこと見守っている存在です。しかし、その事がこどもたちに〝自分は見守られている〟という安心感（＝他者への信頼感）と、〝自分の力で何でもできるんだ〟という自信（あるいは〝自分はここまでしかできない〟という自分の限界を知る）と、〝仲間同士助け合わなくてはいけない〟という気持ちを育んでいきます。そして何より、こどもたちが次々と自分達で遊びを作り出し、問題を解決していく姿を見守ることで、私たちおとな（保育者・保護者）もこどもの持つ能力の大きさを知り、こどもを信頼し任せることができ、一人一人が様々な個性を発揮しながらキラキラと成長していく姿にたくさんの感動をもらっています」

こうした方針に共感、賛同する人が、この幼稚園で子どもを育てることを目当てに移住する、ということも実際に起きています。サラリーマンでは難しいでしょうが、クリエイターなど自営業的な仕事の方ならば可能なようです。

実際の移住者は五年で十組程度ということですが、それでも若い人が住むようになることは、地域にとってはプラスに違いありません。

しかも、実際に移住した方たちからは、「子育ては地方が楽」という実感が語られているそうです。都会だとどうしても、「うるさい」「汚い」と、子どもを嫌う人もいるために、人目を気にせざるをえない面があります。

しかし、地方であればそもそもそんなに人口が密集していませんし、住民も一般的に子どもに寛容です。近所のお年寄りがお弁当も作ってくれた、などといったことも珍しくないようです。

地方に移住することで、収入が減る可能性は否定できませんが、一方で生活コストは確実に下がります。明治大学の加藤久和教授の試算によると、東京都杉並区で約一千百万円かかる暮らしとほぼ同水準の暮らしをするのに、鳥取県倉吉市では約四百九十万円ですむのだそうです。その点では子どもが幼いうちに移住する、というのもこれからはもっと増えてもいいように思います。こうした取り組みに対しても、国が補助できることはしていくべきでしょう。

中村ブレイス

変化の基点はどこにでも生まれうるのです。

たった一つのベンチャー企業の存在で、地域が変わった例もご紹介しましょう。島根県大田市大森町には、全国からその企業に勤めたいと、若者が殺到している会社があります。

中村ブレイスという医療機器メーカーです。同社の社長である中村俊郎氏の著書は『コンビニもない町の義肢メーカーに届く感謝の手紙』(日本文芸社)。このタイトルだけで、かなり不便な場所にあることはお察しいただけるでしょう。

同社が作っているのは義手、義足や人工乳房で、他に顔の一部の復元に用いる装具も製造しています。その製品のクオリティの高さは驚くべき水準にあります。乳がん手術で乳房をなくした女性でも、本物と見紛うばかりの人工乳房を装着することで、とても気持ちが前向きになるそうです。このように人の人生をポジティブに変える可能性があるビジネスだという点も、若者に人気の秘密なのでしょう。

中村社長は、京都と米国で義肢づくりを学んだ後、一九七四年に故郷に戻って、起業しました。最初は十坪の納屋を改造したものが社屋だったそうです。石見銀山という観光地があるとはいえ、過疎化は既に進んでいました。地元の人たちも、帰国して起業する中村社長を歓迎するというよりは、変わり者扱いをする始末でした。その頃、田舎に帰ってくるのは「敗残者」という見方があったからです。

中村社長が故郷での起業を選んだのは、アメリカでは大企業の本社が大都市にあるわけではないということを目の当たりにしたのに加えて、地元を広く人を集められるところにしたいという夢もあったようです。

当初は苦戦したものの、その高い技術力に加えて、顧客の人生の役に立つものを作る、という信念が多くの共感、支持を得ることとなります。

今では世界中から注文が殺到するようになり、そして「こういう会社で働きたい」という若者が多くやってくる存在になっています。若者たちは土、日返上で働いているそうです。

「この商品で、どれだけお客様が喜んでくれるか」

そう考えると、休んではいられないという気持ちになるというのです。

たった一つの企業によって、地元が大きく変わる。このような例はいくつもあります。決して夢物語ではありません。

公民館から変わった「やねだん」

公民館が変化の拠点となったという例もご紹介しましょう。

鹿児島県鹿屋市の柳谷集落、通称「やねだん」をご存じでしょうか。

特別に風光明媚でもなく、代表的な産業があるわけでもなく、金もない。そんな集落が今や全国から注目される存在になっています。

やねだんが教えてくれることを簡単に言えば、「産業は作るものだ」ということです。

公共工事や企業誘致は確かにお金はある程度得られます。地元にお金は落ちます。が、その仕事は自分たちで作ったものではなく、与えられたものです。

やねだんを変えたのは、豊重哲郎さんという地元の自治公民館長でした。豊重さんは地元の高校を卒業後、東京都民銀行に就職しましたが、「学歴の壁」にぶつかったこともあり、Uターンして養鰻業を始めます。それである程度成功をおさめたそうです。

豊重さんが公民館長になったのは一九九六年、まだ五十代の時でした。区長や公民館長といった仕事は、往々にして六十代後半の、もうリタイアしたような人が持ち回りでやるようになっているのですが、柳谷集落では、「あの豊重という男、面白いからやらせてみよう」ということになった。これがきっかけで、人口三百人程度、過疎化、高齢化の進む集落が変わり始めたのです。

就任して豊重さんは、「行政に頼らないむら興し」を目指します。まず最初に始めたのは、耕作放棄地を使ったサツマイモの栽培でした。ここで土着菌を用いた上質なサツマイモ造りに成功したので、それを焼酎にしてみたところ、高品質のものができました。今では韓国に輸出し、それを目玉にした「やねだん」という居酒屋がソウルにできるまでの商品になっています。

この産業によって自主財源が生まれ、やねだんではその余剰金で高齢者にボーナスを支給できるようにもなりました。ここで素晴らしいのは、住民みんなに何らかの仕事があるということです。九十歳を超えても、たとえば土着菌を繁殖させるための土壌をかき回す、というような仕事はできるわけです。みんなが分担して、儲けをみんなで分配する。そこには生き甲斐が生まれます。だからこそ、ここには「寝たきり」のような高齢者はいないのです。

豊重さんの様々なユニークな試みは全国から注目を集めています。現在は地域リーダー養成のための「やねだん故郷創世塾」を開講して、全国から入塾者が殺到しています。また、二〇〇七年からは芸術家に対して、空き家を創作場所として提供するという試みも始めました。その結果、住みつく芸術家も現れ、彼らを中心とした芸術祭も毎年開かれるようになり、展示やライブに多くの人がやって来るようになってもいます。

その他、地元の民家を改造した宿泊施設を「迎賓館」と名付け、来訪者が宿泊できるようにもしています。私も泊めて頂きましたが、広い日本間で素泊まりで三千円と、かなりリーズナブルです。

観光資源も、予算も、若者も、産業も何もなかったやねだんが、このように生まれ変わることができたのです。そして注目すべきは、ここには補助金も中央政府の関与もないという点です。それでもこれだけのことが成し遂げられた。その意味を考えるべきだと思います。

9　「おねだり」に未来は無い

離島が生き残った戦略

先ほど「島留学」について触れた、島根県隠岐島にある海士町の山内道雄町長は、その他にも斬新な手法、アイディアで島を甦らせた実績で知られています。その手腕については、別途触れますが、私が驚いたのは、彼が出馬した経緯です（以下、山内氏の著書『離島発　生き残るための10の戦略』〈NHK出版　生活人新書〉をもとにまとめました。地方再生を考える上で非常に役に立ついい本ですが、現在、入手困難のようで残念です）。

もともと山内氏はＮＴＴの営業マンでしたが、五十二歳の時に、島に住むお母さんの介護のために退職し、海士町に帰ってきました。とはいえ、その時点では再就職の目途も立っていなかったそうです。

そんな山内氏に、当時の町長が声をかけます。島で立ち上げた観光関連の第三セクターの手伝いをしてくれ、というのです。請われるままに引き受け、山内氏は地元のホテルや海中展望船の仕事をすることになりました。

ところが、町長と町議会は必ずしも上手くいっていなかったらしく、新しいことをやろうとすると何かと町議会の横やりが入る。町長の新しい試みが、議会には面白くなかったようです。どの世界でも、「改革派」と「守旧派」の対立というのはよく聞く話です。困った山内氏は自ら町議になることを決心し、見事当選します。政治的な力も使って、新しいことを進めようと考えたのです。

建設業界からの意外なリクエスト

彼が町議となって二期目の時に、町長が引退することになりました。当時、地元では助役が後継になるだろうと見られていたそうです。これは地方にはよくあるパターンの禅譲です。

そんな時、地元の建設会社の社長が山内氏に面談を求めて来ます。山内氏は、次の選挙では助役を応援してくれ、といった依頼だろうと思っていました。

ところが、社長の話は意外なものでした。山内氏に対して「町長選に出てほしい」と言うのです。その時の驚き、戸惑いを山内氏は次のように述懐しています。


「建設業界というのは、いわば旧来のシステムを中心的に支えてきた存在です。日本という国全体でもそうですが、ことに公共事業で生きてきた海士町においては、なおのことでした。建設業者が支援するのは、公共事業を島に持ってきてくれる人だと私は思っていましたし、現にそれまではそうだったのです。

そんな建設業界の人が『町を変えなければだめだ』と声高に訴えていた私を担ごうというのは、にわかに信じられる話ではありませんでした。私は建設業界からは『町長は誰でもいいが、山内だけはだめだ』と思われて当然の存在だったはずです。

それなのに、社長は私に『あなたしかいない』と言うのです。

『もう公共事業に頼る時代は終わった』

と彼は言いました。
『あんたは民間企業での経験があるんだろう。これからは、行政も民間の感覚でやらないと、この島は生き残れない』
だから、あんた、やってくれ、と彼は言うのです」(前掲書より)

この当時、海士町の財政は危機的状況にありました。そのまま放っておけば、夕張市のような破綻を迎えることは目に見えていたのです。その意味では、建設会社社長の判断は合理的だとはいえます。しかし、いかに論理的に正しくても、そのような判断をして行動に移す人は滅多にいません。

私はこの話を読んだ時に、本当にそんな社長がいるのか疑わしく思ったほどです。のちに島を訪れた際に、ご本人にお目にかかり、ようやく〝実在〟を確認したくらいでした。

二〇〇二年、山内氏は見事に当選します。普通ならば、対立候補の元助役が通るのが、地方選挙での「常識」です。ところが、この時はその対立候補に大差をつけての当選だったといいますから、島の人々にも危機感が強かったということなのでしょう。

給与カットの意味

当選後、山内町長は自らの給与カットを決めました。経費節減をいくら口で言っても説得力がない。まずは自分の覚悟を示す必要がある。そう考えて給与の三〇パーセントカットを考えたそうです。

このような手法について批判するのは簡単です。ポピュリズムだ、パフォーマンスだ、と捉える人もいることでしょう。

山内町長も、そんなことは承知の上でした。

「給与カットという手法は、経費削減の方法としては最悪の部類に入ります。とても自慢できる話ではありません。行財政の構造そのものを変えるものではないからであり、これもまた、小手先の施策と言われてもしかたがないでしょう」（同）

それでも財政の深刻さを町民に理解してもらい、様々な負担をお願いするためにはこれしかないと考えて、彼は給与カットに踏み切ります。

するとと思わぬことが起こりました。町役場の課長たちが、「自分たちの給与もカットしたい」と言ってきたのです。これには山内町長も「感激で涙が出た」そうです。それだけではなく、つられるように一般職員、町議、教育委員らも報酬のカットを申し入れてきました。

こうして、二〇〇四年度は町長が三〇パーセント、助役、管理職、議員、教育委員が二〇パーセント、一般職員が一〇〜二〇パーセントの減額になりました。さらに翌年にはカット率がさらに上がり、町長五〇パーセント、助役、議員、教育委員が四〇パーセント、職員が一六〜三〇パーセント、区長報酬が一〇パーセントの減額となりました。

これによって町の財政が健全化の方向に進んだのは事実ですが、山内町長の先見性は、これで浮いたお金を「未来への投資」に使おうと考えたところでしょう。その取り組みの一つが、前述の島留学です。

他にも、町主導の新しいビジネスにも投資しています。CASという特殊な冷凍技術を用いた、島の水産物の加工、出荷です。CASとはCells Alive Systemの略で、細胞が生きたままの状態で冷凍する技術のこと。一般に冷凍した魚介類は、解凍後の味がどうしても生のものと比べて落ちるとされていますが、この技術を用いると、遜色のないレベルの冷凍食品を作ることができます。

隠岐島は離島ですから、いくら良いものが取れても、どうしても生のものを出荷するには手間やコストがかかります。しかし、生と同じくらいの冷凍食品を作れれば、そのハンデはなくなります。

そのように考えた町長は、五億円もの大金を投じて、ＣＡＳの設備を導入したのです。現在は、魚介類だけではなく、地元のブランド牛である隠岐牛でもこの技術を用いた商品が作られ、全国に出荷されています。

他にも、同町は岩ガキの養殖を推進することで、新たな名物を作り出しています。過疎の離島でありながら、次々と新しいビジネスを生み出しています。

おねだりでは解決にならない

やねだんや海士町のエピソードから何を考えるか。人それぞれでしょうが、私はもはや「中央へのおねだり」では地方は良くならないことを示していると考えています。

あらゆる地方自治体が財政難に陥っています。行政の側はその打開策をいろいろと模索しています。しかし、なかなかうまくいきません。

「このままでは財政が破たんしてしまうから、何とかしましょう」という「総論」に反対する住民はいません。しかし、そのための具体策が出ると態度が変わるのです。

「バスの便数を減らしましょう」「鉄道をなくしましょう」と言うと、「それは困る」「許せない」と反対運動が起きます。もちろん、本当に地元の人にとって欠かせない足であれば、反対するのもわかります。ところが、猛反対している人のほとんどは、実際にはマイカーで移動していたりする。滅多に鉄道にも乗らず、不便なバスなんて利用もしていない。

「乗って残そう」という支援運動ならばわかるのですが、「乗らずに残そう」では、単なるわがまま、おねだりです。

お金が有り余っているのならば、ある程度の無駄も許されるでしょう。でも、そうではない以上、何らかの犠牲を払うしかありません。もはやかつてのように、インフラを整備することはできません。

建前上でいえば居住の自由、移住の自由が認められている限り、人が住むところには最低限のインフラを整える義務が行政にはあります。とはいえ、できることならば、ある程度居住地区を集約化して、サービスをコンパクトにしたい。昭和三十年代の大合併時に役場があった自治体に、機能を集中させようという考え方から生まれたのが、コンパクトシティの発想です。買い物、公共機関、教育などをそこに集中させて、その代わりに周辺集落に住むひとたちはネットワークでつなぐ。それも、これまでのように路線バスや鉄道を走らせるのではなく、デマンド・バスのようなものを使うことで、孤立化しないようにする。

人口が減っていく以上、このような集約化はどうしても進めていかないといけないでしょう。

富山市の取り組み

コンパクトシティの代表例としては、富山市が挙げられます。多くの読者がイメージする富山市と、現在の同市は大きく異なる点があります。それは広さです。

もともとの富山市は面積約二一〇平方キロメートルで、さほど広い都市ではありませんでした。しかし、二〇〇五年に周辺の町村と合併したことで、面積は約六倍になり、県の三分の一近くを占めるまでになりました。だから、皆さんが昔教科書で習った富山市とは、かなり異なる都市になっているのです。

富山市の抱えていた問題の一つは、人口密度の低さでした。富山平野の広さに加えて、道路整備などが進んだことで、市街地の面積が広がり、結果として密度が下がってきたわけです。住民の方々に、全国でも有数の「持ち家志向」の強さがあることも、市街地が広がっていく要因となりました。「街中のマンションよりも、少し郊外の一戸建てがいい」と考える人が多ければ、市街地は薄く広がっていきます。一世帯で車二台持つのは当たり前、といった自動車保有率の高さも郊外での生活を推し進める要因になりました。

こうして、合併時には全国で最も低密度（四〇・三人／ヘクタール）の県庁所在地になっていました。

「人口密度が低くて、戸建が多いなんて羨ましい話じゃないか」

都心で暮らしている方はそう思うかもしれません。しかし、実際にはそうとも言い切れないのです。車社会になっているおかげで、電車やバスなどの公共交通機関が使われなくなってくると、どうなるか。車を持たない人には住みづらいですし、何より高齢者が増えてきたときには、きわめて不便です。

また、人が薄く広く住んでいると、それだけ行政サービスにコストがかかります。ゴミの収集でも、道路の整備でも住民がコンパクトにまとまっているほうが効率がいいのは言うまでもありません。

つまり、「人口密度が低くて広々としていていい」という現時点でのメリットは、将来を考えるとデメリットとなりうるのです。

富山市の素晴らしいのは、この問題にかなり早い段階で気づいて、対策を考えてきた点でしょう。一九九九年の時点で、都市機能を集約することを検討し始めていました。

具体的には、たとえばバスや電車、路面電車などの公共交通機関を強化することで、その沿線に人が集まりやすくなるように促しました。路面電車やバス路線の充実ぶりは他の地域ではなかなか見られないものです。このようにして、車がなくても生活できるエリアを整備すれば、高齢者にとっては住みやすくなりますから、そこに人は集中してくる、という考えです。

また、区域外から移住してくる人に対して、助成金などを出すこともしました。将来、年を取ってきたときに、病院や市役所などに車がなくても簡単にアクセスできる町に住みたい、というのは自然な気持ちでしょう。強制的に「こっちに住め」などと命じることはできませんから、あくまでも「中心部に住んだほうが便利だな」と思われるような環境を整備していく、というのが富山市の考えです。

富山市のこうした取り組みは、国から命じられてやったことではありませんし、「地方消滅」が騒がれてからでもありません。自発的に問題を抽出し、解決策を考えたところには頭が下がります。

丸亀町商店街の試み

同様の例としては、香川県高松市の丸亀町商店街も挙げられます。高度成長期には賑わいを見せていた商店街が、いつしか寂れていき、シャッターが目立つようになった——どの地方でも聞く話です。丸亀町商店街もその例外ではなく、一九九〇年代末にはかなり危機的な状況に陥っていました。

　そこで、地元の青年会の人たちが話し合って作った決まりは、商店の二階部分を強制的に貸し出すべし、というものでした。シャッター商店街の場合、実はその店の持ち主は店が流行っていなくても――場合によってはずっと閉まっていても――、何とか生活していける基盤を持っている、ということが珍しくありません。家賃収入などで生活は維持できるから、無理に他人に貸さなくて閉めておいてもいいや、と考える人が増えれば、シャッターの閉まった店は増えてしまいます。しかし、それでは商店街全体は寂れていく。

　そこで、とにかく二階部分を診療所や保育所などに貸し出すことにした。そうして町の機能を商店街になるべく凝縮するようにしたわけです。このあたりは、富山市のコンパクト化と通じるところがあります。

　この商店街も素晴らしいのは、あくまでも地元の人たちが自分たちで話し合って「こうしてみよう」と決めた点です。そこには確実な「生き残ろう」という意思が感じられるのです。

　同様の取り組みは、島根県雲南市などでも見られます。こうした自治体では、市民の主体性を重視し、ボトムアップで政策が進められている点が共通しています。

集約化に際しては懸念があることも承知しております。いくら便利でも、コンパクトシティに引っ越すのは嫌だという方もいることでしょう。そういう人を無理やり引っ越させることは出来ません。また、簡単に切り捨てるようなことがあってはならないでしょう。

繰り返し強調しておきますが、国が強制的に、国民の基本的人権である「居住の自由」を侵すことはできないので、今後も最低限のインフラの維持、整備はしていきます。行政が「こんな辺鄙なところ、もう知りません」というわけにはいかないでしょう。

それでもある程度は人の住むところを集中させ、効率化していく方向に進めることは必然だろうと考えています。そのようにしないと、持たないからです。

面倒くさいという前に

自分たちで何かを決めて、合意を形成して、事を進める。それは理想かもしれないけれど、面倒臭そうなことでもあるでしょう。しかし、面白いことに、実際にそうした「面倒臭そうな」町に行ってみると、住民の満足度は決して低くないのです。充実感があるように見受けられました。

たとえば、愛知県長久手市の吉田一平市長は、お目にかかった際に「冷たい市役所を目指す」と仰っていました。市役所の職員の愛想を悪くする、というのではありません。むしろ吉田市長は、「まちづくり　まずは笑顔で　こんにちは」という標語を掲げているくらいですから、決して愛想の悪い人ではないのは明らかでしょう。

では「冷たい市役所」とは何か。それは、市民ができることは市民自身でやろう、という意味です。何でも行政頼みの時代はもう終わった、そんなものをあてにしていてはいけない、ということでしょう。実際に、同市では防犯の見回り巡回、ゴミ収集、子育てなどの一部を、市民にお願いしています。

市役所作成の資料には、こんなことが書かれていました。人口増加の時代には、「何でもお金で解決・行政にお任せ」が通用した。それは「楽で快適だが、(人間関係は)疎遠」になってしまう。これからの人口減少の時代は、「市民同士の話し合いで解決を目指す」べきで、一種の「おせっかい」を進める。それは「わずらわしいこともあるが、絆・つながりがある」と。

長久手市で行なわれている試みの一つが、ワンコインサービスです。高齢者など時間に余裕のあり、働く気のある住民に登録をしてもらう。そして、住民からの様々なリクエストに応えてもらう、というものです。シルバーサービス人材活用は多く見られるのですが、ワンコインつまりきわめて安価な点が特徴でしょう。

サービスは百円（サービス時間が一人で十分未満）のものと、五百円（作業時間が一人で十分以上三十分未満）のものに分けられています。たとえば、朝のゴミ出し、郵便物の投函、電球の交換等は百円。資源物の分別、ゴミ出しや庭掃除、草取り等は五百円。市はこれらの仕事の斡旋を登録者に行ないます。

この狙いは、市の予算の節約や行政サービスの削減ではありません。名古屋市のベッドタウンである同市は、住みやすさには定評があります。東洋経済新報社が選ぶ「住みよさランキング」で、二〇一三年以降トップテン入りしており、二〇一四年には、日本経済新聞社が選ぶ「子育てのしやすい町ランキング」で一位に選ばれているほどなのです。人口減少や税収減少対策で切羽詰まって、こうした試みを行なっているわけでは決してありません。

しかし、市長は「今は良くても、十年後、二十年後に高齢化が進むのは確実だ」と考えて、先を見越した上で施策を進めています。その最大の狙いは、市民一人一人に生きがいと居場所を持ってもらうことだと言います。

一説によれば、名古屋周辺には「喫茶店文化」があって、喫茶店にたむろして語り合うのが好きな住民が多いのだそうです。決してそれも悪いことではないのですが、生きがい、居場所という観点で考えた場合には、ワンコインサービスのような制度があって、他人に必要とされていること、感謝されていることを実感できるほうがいいのではないでしょうか。

体が不自由な隣人のために、郵便物を投函する。それで得られる金銭的な報酬はたった百円かもしれませんが、得られる充足感はもっと大きなものであるはずです。こうした生活を送っていることは、結果として健康にもプラスに働くことでしょう。

総論賛成、各論反対

「総論としては理解できるが、私のところでやるのは嫌だ。サービスは維持して欲しい。行政でできることはやってくれ」

多くの地方で、「総論賛成、各論反対」の場面は見られますが、その行き着く先は明らかです。財政破綻した北海道の夕張市です。夕張市の場合、炭鉱の町から観光の町へと転換しようとして多額の投資をしたことが、裏目に出てしまいました。

最盛期には十二万人近い人口を誇っていた夕張市は、石炭産業の衰退と共に人口が減り、税収も減っていきました。石炭の代わりに市が収入の柱としようと考えたのが観光産業です。そのこと自体、間違っていたとは言えません。観光で収入がアップしている自治体はいくらでもあるからです。

問題は、石炭で大変に潤っていた頃と同じ行政サービス（医療費無料など）を続けながら、閉山の後処理対策をし、なおかつ短期間で巨大な観光ハコモノを市の財政負担によって作っていったことです。この急激な負担増で、夕張市は破綻しました。

財政破綻の結果、医療サービス、行政サービスなどがかなり劣るものになったのはご存じの通りです。医者が居ない、介護が行き届かない、交通機関が足りない、後継者もいなくなる一方、という状況になってしまったのです。

出生率を上げた高齢者たち

ただ、そのような状況でも地元の人たちの努力や工夫で事態を打開することはできます。夕張市も、今は若い鈴木直道市長が先頭に立ち、コンパクトシティ化や炭鉱遺産観光など、再生に向けて着実な取り組みを進めています。

この国は素晴らしい、とつくづく感じるのは、自治体の首長が、正直に誠意をもって財政の苦しさを訴えると、「じゃあ俺たちの分を削ってくれ」と言う職員や、高齢者の方が出てきたという例を耳にする時です。

たとえば二〇〇八～二〇一二年の合計特殊出生率が二・八一で日本一となっている鹿児島県伊仙町。この町には、「くゎーどぅ宝」（子どもこそ宝）という、地域全体で子どもを育てようという精神があるから安心して子育てができる環境がある、だからこそ出生率が高い、とされています。ただし、それには実はこんな背景もあるのです。

町が子育て支援に積極的にお金を使えるようになったのは、高齢者の方たちの力添えがありました。ある時、町長が財政の苦しさを率直に語り、訴えたところ、古くからの住民たちが「高齢者助成よりも子育て支援に予算を使ってくれ」と申し出たというのです。

もちろん、国としてできる支援を怠って、地方に丸投げするようなことはあってはならないでしょう。しかし、この伊仙町のような事例があることもどうか知っておいていただきたいのです。

全国の自治体を回って、長久手市や伊仙町をはじめとして、活き活きとしている自治体の取り組みには強い感銘を受けました。こうした地域に共通しているのは、首長が住民と直接向き合っているという点です。市民、町民と文字通り顔を合わせて話をしている。住民たちが、思っていることを直接伝えることができる。

地方自治体の首長は、大統領に喩えられることがありますが、直接民主制のメリットを生かしている自治体は、良い方向で改革が進められているというのが実感です。

10　官僚は現場で発想せよ

本社の地方移転にインセンティブ

政府は余計なことをせずに、規制をできるだけなくせば、あとは民間の活力に任せたほうが良い――このような意見が昔から存在します。その通りであれば、政治家としては楽ですし、行政のコストもかかりません。

ある面で、肯ける意見ではあるのですが、話はそうシンプルではないのではないでしょうか。戦後七十年続いてきたモデルは、政府だけで作ったものではありません。たとえば、「企業の本社は東京に置くのが一番」といった考え方も、政府が強いたわけではありません。でも、多くの大企業が本社を東京に置いています。

たしかに民間の素晴らしい知恵、活力によって良い結果が増えればいいでしょうし、政府あるいは自治体がその障壁になるようなことがあってはならないことです。これまではともすれば、規制をすることの方に神経が行っていて、民間の力を削いだという面が無かったとは言えません。ですから、無駄な規制や関与はしない方がいい。

経団連など企業の方々が集まるところで、私はよく次のように話をしています。

「もう政府がどうとか、企業がどうとか言っている場合ではありません。とにかくこの国をどうしようか、そのために何をすべきか、そういう観点でものを考えてください。本社の地方移転とはそういうことです」

企業にも新しい発想を持ってほしい。そう思うからこそ、本社機能の一部を地方に移転する企業に対しては、減税というインセンティブを用意しました。これをきっかけに、「よく考えたら、全部が東京にある必要は無いんだな」と考えてくれる企業が手を挙げてくれることを期待しているのです。

政府の側のこうした取り組みで、企業が新たな取り組みを行なうことを推進できれば、と考えています。もちろん、このようなプランを採用するもしないも、企業の考え一つです。

官民手を取り合う体制で

ここまでにご紹介した、ＪＲ九州や中村ブレイスの例などは、一つの企業の取り組みが、地方に良い方向で刺激を与えている好例でしょう。

このような例を見た場合に、「企業」と「政府」あるいは「自治体」をことさら区別して考えることにさほどの意味はないのではないか、という気がします。地元の企業が自治体と手を取り合って、地域に貢献することは必ずできます。

行政と同様に、民間企業でも時には硬直化してしまっているケースもあるかと思います。そのような時には、自治体や国が関与して、変化を促すことも必要でしょう。

もちろん、民間の邪魔をしてしまっては意味がありません。「邪魔な規制だ」と思う時にはどんどん声を上げていただければ、と思います。それに関しては、特区などで試験を進めて、その結果いかんでは廃止すればいいでしょう。

どうか企業の方々にも国の将来に何らかの責任を持ち、また関与をしていただきたいと考えています。

省庁の地方移転

こうした話になると、こんな風に言いたくなる方もいらっしゃるかもしれません。

「企業に地方移転を薦めるのなら、霞が関も地方に移ればいいじゃないか」

まずは隗より始めよ、という意見です。

中央官庁の地方移転の話というのは、いつもアイディアとしては浮上するものの、ほとんど実現していきませんでした。しかし、今度こそこれも進めなくてはいけない、ここでは政府の「本気度」が問われることになる。そう考えたからこそ、今回は本格的に移転のための議論を行ないました。

もはや「できる」「できない」ではなくて、「やる」か「やらない」かという問題である。そのくらい切羽詰った話であるという意識のもとに進めました。

結果として、文化庁を全面的に京都府に、また消費者庁の機能の一部を徳島県に、総務省統計局の一部を和歌山県に移転することになりました。

「たったそれだけ?」

ご不満に感じる方もいらっしゃるかもしれませんが、これだけでも本当に大変なことでした。これらが実現できたのは、当時の馳浩文科大臣や、河野太郎消費者担当大臣の尽力があってこそで、彼らでなければ、彼らの熱意がなければ、出来なかったでしょう。

以前、竹下内閣の時にも、中央省庁の機能移転は一部実行されたことがあります。その成果として、横浜市やさいたま市へいくつかの機関が移転しました。

しかし、この時は、都心の地価抑制というのが最大の目的でした。そのため、地方への移転ではなく、あくまでも都心から近いところに移転したのです。

今回の移転の目的はまったく異なります。東京への一極集中を和らげることと、地方の活性化という二つの目的を達成するためなのです。

ただし、単に働く人と建物が地方に移るのでは意味がありません。あくまでも、そこに移る必然性が必要です。

文化庁が京都である必然性

たとえば、文化庁を京都に置く意味は何でしょうか。言うまでもなく、京都は日本でもっとも文化財が多い土地の一つです。日本の観光の中心地でもあります。霞が関のような無味乾燥な土地に建つビルの中で政策立案するのと、京都のような土地で四季を、歴史を感じながら頭を使うのとではおのずと結果が異なるのではないでしょうか。

以前から「現場」から官僚組織が離れてしまっていることの弊害というものは、実際に様々なところであるのではないか、と私は考えていました。農水省にしても、一次産業が存在していない霞が関だけで考えていては、どうしても空論になる恐れがあるように思います。

『新・観光立国論』で、著者のデービッド・アトキンソン氏は、日本の文化財予算のチグハグさを指摘されていました。縦割りで、なおかつ現場を知らないために、同じお寺の本堂と山門に別々の予算がつけられたりすることがある、というのです。

中央の官僚に悪意があるわけではありません。結局、現場や地方の実情を知らないと、どうしてもきめ細かい対応はできないのです。

消費者庁のうち、徳島に移転するのは政策の企画、立案部門です。徳島は消費者行政の先進地であり、またブロードバンド環境が全国屈指であることも評価の対象となりました。全面移転にならなかったのは、消費者庁には危機管理的な側面もあるため、都心に中心拠点が必要だからです。

消費者の安全を守るという目的のために、全てを地方に移転することは見送らざるを得ませんでした。

官僚たちの抵抗

こうした地方移転というアイディアは、これまでにもありました。しかし、実現化はしなかった。

なぜ中央官庁の地方移転が進まないか。簡単に言ってしまえば、「面倒くさいから」です。いろいろ理屈をつけてはいますが、要は当事者たちが面倒くさいのです。

それでは何も進まないので、移転を検討するにあたっては、全国の道府県（東京、神奈川、千葉、埼玉以外）に「国の機関のどこが地元に来て欲しいですか」ということを聞きました。その結果、四十二の道府県からリクエストが来ました。ここで京都に文化庁を、徳島に消費者庁を、大阪に中小企業庁を、といった具体的なリクエストが寄せられたのです。

このリクエストを募るにあたっては、単に「あそこが欲しい」といった「花いちもんめ」的な安易な要望をするのではなく、「なぜその省庁が我が地元に来た方がいいのか。日本国全体のメリットとなるのか」という立論まで自治体に求めたものでした。

そして、この立論に対して国が有効な反証をできなければ移転させる、としました。これまでこのような形で政策を進めてきたことがなかったこともあり、様々な批判が寄せられ、また猛烈な抵抗も受けました。まず、自治体に自ら「手挙げ」をしてもらう方法にしたこと自体にも批判がありました。「そんなことは中央が考えるべきだ」という趣旨です。

また、官僚が抵抗する大きな理由は、「東京から離れたくない」というものだったように思えます。たしかにお子さんの子育てなどを考えると、地方への転勤に抵抗したくなる気持ちもわからないわけではありません。

さらに、「中央（国会、与党や他の省庁）とのコミュニケーションが十分にとれなくなる」といった意見も多く聞かれました。

反対に大義なし

こうした反対勢力の意見には、それぞれ一理はあるとは思いますが、いずれも反論可能なものであり、全ての移転を止める決定的なものではない、と私は考えました。

たとえば、「中央が考えるべき」というのは、そもそも地方創生の理念とは正反対です。ここまでに述べたように、地方のことは、事情を一番理解している地方の人たちがまず考えるべきです。中央が押し付けても、うまくいかないのは目に見えています。

官僚の「東京から離れたくない」というのも、国家のメリットを考えた場合には、あまり理由とはならないでしょう。そもそも多くの国家公務員には、転勤がつきものなのです。防衛省、財務省でも経産省でも地方に出向するケースは珍しくありません。外務省に至っては国外勤務が当然です。

また、中央とのコミュニケーションうんぬんという理屈も、一見、もっともらしいのですが、あまり説得力はないものでした。

文化庁を例にとってみれば、この数年間を見ると、実は国会で長官が答弁したのは二回だけ。それなら必要な時に出張すればいいだけの話です。それに重要な政策を扱っているとはいっても、緊急の呼び出しはあまり考えられません。

「いえいえ、国際交流が必要でして、そのためには諸外国の大使館のある東京じゃないと都合が悪いのです」

こんな意見も出ました。しかし、ではどれだけ外国の大使と頻繁に会っているかといえば、それもまた稀なのです。

「文科省との連携が必要ですから、東京じゃないと……」

しかし、そんなものはテレワークでもいいはずです。昔ならばいざ知らず、こんなに通信技術が進んでいるのに、会議や打ち合わせの全てをフェイス・トゥー・フェイスで行う必要はまったくありません。実際に、移転候補地で試験的にテレビ会議などを行なった結果、それで十分ということになったのです。

そもそも京都府にとって、文化庁の誘致は最近思いついたことではなく、数十年来の悲願でもありました。それだけに、今回も府知事、市長はもちろんですが、地元の商工会議所、裏千家など文化関係者、京都大学等教育関係者が「オール京都」の体制で、文化庁を受け容れるために努力をしてくださいました。地元選出の伊吹文明先生も多大な尽力をくださいました。中央から押し付けるのではなくて、地元から熱烈に求められて移転するのです。きっとうまくいくはずだ、と確信しています。

おそらく、それでも移転の当事者となる官僚やその家族の皆さんには、戸惑いや不安、不満もあることでしょう。しかし、来た人たちが後悔しないように、京都側もバックアップしてくれると聞いています。京都府も面子にかけて、やって来た人たちの生活のクオリティが――特にお子さんの教育などについては――、東京にいる時よりも劣るようなことにはならないでしょう。

民間の先駆け・コマツ

本社の地方移転の先駆けであり雄であるグローバル建設機械メーカーのコマツは、「生活コストの安いところで、できるだけたくさんの社員が働いた方が、長期的には競争力を維持できる」という考えから、「東京にどうしても必要というもの以外は石川県に移してしまう」という方針を打ち出しました。これはあくまでも企業の経営判断として打ち出した方針ですが、その結果、若い人の雇用が地元に増えたのみならず、社員の結婚率や出産率が、東京の社員と比べて、飛躍的に上がったそうです。三十代女性で見ると東京本社の子どもの数は〇・九人なのに、石川では一・九人。結婚率は東京が五〇パーセントで石川が九〇パーセント。しかも管理職の女性に限定すると、石川では二・八人。「女性が昇進しようと思ったら子どもをつくることができないというのは東京論理であって、石川ではむしろ、偉くなる人の方が子どもを作っている」と坂根正弘相談役はおっしゃっています。

コマツでは東京でも石川でも賃金体系は同じ。地方採用枠も作り、転勤を減らす。大きな会議は石川で行い、小松市内の温泉宿に宿泊させる。そして金沢工場の製品は金沢港から輸出する。地域に雇用と所得が生まれるからこそ、地域ぐるみで活性化していけるということです。もちろん、結婚が早いことや、子どもが多いことイコール偉いという話ではありませんが、東京ではなく、地方のほうが子育てをしやすいからこそもたらされた成果だということは言えるのではないでしょうか。

民間企業がこれだけの成果をあげているのですから、役所でも同じような結果を導くことは可能なはずです。

マスコミと官僚の共同作業？

省庁の地方移転の可能性を検討すべく、各地で実験的に移転をしてチェックしている際には、随分、ネガティブな報道も多く見られました。先ほども触れたように「中央とのコミュニケーション」を不安視する声などを大きく伝えていたのです。

「とにかく移転なんかさせてたまるか」と思っている官僚の一部と、その意を受けて報じる記者との間に、阿吽の呼吸のようなものがあったのかもしれません。

普段、マスコミは「これからは地方の時代だ」「東京の一極集中は解消すべきだ」といった「総論」を語るのですが、個別の議論になると、このように反対に回ることがあります。ここでも総論賛成各論反対です。

しかし、真剣に考えていただきたいのは、その政策が日本全体のためになるのか、という点です。

現場から乖離した環境で、早朝から深夜まで、国会答弁のために官僚が働き続けるようなことでは、いくら労働時間が長くても決して生産性が高いとは言えません。

無駄な会議や打ち合わせに時間を費やすことが、本当に官僚にとって幸せなことでしょうか。そして国民にとってプラスになるのでしょうか。

それよりも、現場の声を聞きながら、改善や革新のためのアイディアを練ることができ、しかも早い時間に家に帰ることも可能な環境で働いてもらったほうが、国のためになるのではないでしょうか。

私の大臣在任中には実行できませんでしたが、水産庁を下関や塩釜、気仙沼に、林野庁を岡山に、また農水省を新潟に移すといったことは今後も検討すべきです。

現場に近いところに需要も知恵もある。この点については確信を持っています。

11　里帰りにどれだけ魅力を付加するか

男は地元に帰りたい

「実は地方に住みたい」

東京には、そう考えている人が非常に多いようです。

ある調査によれば、五十代の男性の五割は地方に移り住みたいと考えている。ただし、女性のほうが三割。ここが困りもので、「行きたければどうぞ、あなた一人で」と奥さんに言われて、悲しい思いをしている男性も多いようです。いささか切ない話ですね。

この差は、女性のほうが今いる地域に溶け込んでいるからだそうです。

また興味深いのは、十代、二十代も四割以上が「地方に移住したい」と考えているということです。しかし実際にそうなっていないのは、働き口がない、日常生活の不便、交通機関の不便が理由となっています。

そのニーズを考えた時に、すでに述べたように一次産業や観光業などが受け皿になる可能性は高いでしょうが、それ以外の産業でも十分可能性はあります。

ニンジン作戦ではダメ

現在、地方では特に人手不足の問題が深刻になっています。これは団塊の世代が大量にリタイアしたからですが、望むような所得や勤務形態を与えられるようにすれば、地方では必ず雇用が増えるはずです。

移住希望地を聞いたランキング（『田舎暮らしの本』二〇一五年二月号〈宝島社〉）によると、移住したい町一位は島根県大田市、二位は鳥取県鳥取市だそうです。

特に全国的に有名な町でもないのにこういう結果が出ているということは、要は自治体のアピール、努力次第だということです。「来てください」ということをどれだけ発信するかにかかわっています。その際、一番ダメなのは、「来たら百万円あげます」といったニンジンをぶら下げるやり方でしょう。それでは金の切れ目が縁の切れ目。お金がなくなったらいなくなってしまいます。

地方への移住を進める策として、政府は、すでに「全国移住ナビ」というサイトを作りました。簡単に言えば、移住版「ぐるなび」のようなものです。自分に適した移住先について「仕事から」「住まいから」「生活環境・交通から」「体験談から」「こだわり観光情報から」検索することができます。また、移住者を求めている自治体からの情報も提供されています。

興味のある方はサイトをご覧になってみてください。

また、これに関連して「移住・交流情報ガーデン」という相談所も東京駅近くに開設しました。こちらに立ち寄っていただいても、いろいろな情報は得られるでしょう。

いずれにしても「移住」という方法には大きな可能性があると考えています。唱歌の「故郷」には、「志を果たしていつの日にか帰らん」という一節があります。たしかにそれでもいいのですが、「志を果たしに」帰るという選択肢があってもいいように思います。

ともすれば、「志半ばに田舎に帰る」ことを「負け」のように捉える風潮が続いていた気がします。しかし、そうではない考え方がもっと広まってもいいのではないでしょうか。

心強いことに、最近では「移住女子」といった方も増えているようです。まだ若くて働き盛りの年齢でありながら、地方に移住することを選択した女性たちです。ネットのおかげで、さまざまな地方に移住した女性たちの横のつながりもあり、二〇一五年に開催された「全国移住女子サミット」なるイベントには私も呼んでいただきました。こちらも、ネットで検索すると、「移住女子」たちの魅力的な生活ぶりが紹介されています。また、『移住女子』（新潮社）という本も刊行されました。興味のある方は、こうしたものを参考になさってはいかがでしょうか。

東京圏高齢化危機回避戦略

二〇一五年、「日本創生会議」が、「地方消滅」に続いて、地方への移住を勧める提言を出しました。これはかなり話題になって新聞やテレビで報道されたので、それを目にされた方もいらっしゃることと思います。ただ、必ずしもその全体像がきちんと伝えられていなかったようにも思えます。「東京圏高齢化危機回避戦略」（以下、「回避戦略」）と題された提言の内容を簡単にまとめると、次のようになります。

まず、東京圏（一都三県）の高齢化については、次のようにシミュレーションをしています。

・今後、東京圏は急速に高齢化し、後期高齢者が十年間で百七十五万人増える。これは全国の三分の一にあたる。

・千葉、埼玉、神奈川の方が東京都よりも高齢化率は高くなる（東京二五・二パーセント、千葉三〇・〇パーセント、埼玉二八・四パーセント、神奈川二七・二パーセント）。後期高齢者増加率も同様に周辺県の方が高い。

・これは高年齢層が東京から周辺県に転出していることも影響している。

それでは、このように急増した際に、東京圏の医療・介護はどうなるのか。当然、その需要も急増します。提言によれば、二〇二五年の東京圏介護需要は東京で三八パーセント、三県はいずれも五〇パーセント前後増えると見られています。これは全国平均

（三二パーセント）よりもかなり高い。

当然、こうなると介護施設やそこで働く人は不足する可能性が高く、「高齢者が奪い合う」事態が想定される、と分析しています。

また、そこに需要があれば当然、人材はまたこの地域に流入してきます。地方から若い人たちが都市圏にやってくるわけですから、当然、これはまた「地方消滅」を加速させることにもなります。

以上が、「回避戦略」にある二〇二五年の未来図です。

東京に大量の医療・介護関連の人材が流入しても、需給のバランスがとれていればいいのではないか、東京も人口が減るというのだから、と考える方もいるかもしれません。

しかし、事はそう単純ではありません。

また、高齢化「率」にばかり目を囚われると、実態を見誤ります。「率」も重要ですが、高齢者「数」を見なければいけません。東京の場合、「率」はさほど高くなくても、母数（人口）が多いので、「数」は膨大です。昭和三十年〜四十五年のたった十五年間で、五百万人もの人が地方から東京に移住してきました。昭和三十年に集団就職で十五歳で東京にやってきた人は、今年七十七歳。この人たちが高齢化するのだから、人類の経験したことがない状況が東京に生じます。

地方は高齢化のペースがピークを過ぎているので、介護人材などに余裕がある。一方で、東京は人手不足ですから、当然、また地方から人材が流入してくることになります。しかし、東京は決して子どもを育てるのに良い場所ではない。通勤の環境も厳しい。一方で楽しい娯楽が一杯ある。

東京は人をブラックホールのように吸い寄せて、消費する場になっています。

この状況を止めよう、という考え方が提言の背景にあります。

回避戦略の要旨

ここで見ている高齢者の増加は団塊の世代の高齢化ですが、その方たちもいずれは亡くなるのですから、「需要」は急速になくなります。すると、地方からやってきた人たちの働き場も急速に減少するはずです。つまり、そこでは大量の失業問題が発生する可能性がある。

結局、地方で起きた問題は二十年程度のタイムラグで東京でも発生するわけです。

さて、「回避戦略」では、こうした問題に対して、四つの提言をしています。

①医療、介護にICTやロボットを導入して「人材依存度」を下げるべき
②地域の医療介護体制を整備し、高齢者を集中化させるべき
③一都三県の連携、広域対策を進め、それを国も支援すべき
④東京圏の高齢者が、地方に移住する流れを作るべき

この④に関連して、「医療介護体制が整っている四十一圏域」が示されています。北海道室蘭市から沖縄県宮古島市まで、具体的な名前が挙げられていたこともあり、この部分が大きくニュースでは扱われていました。そのため、この部分のみにひっかかって議論をしている向きもあるように見受けられました。

「地方を大都市の姥捨て山にしようというのか！」

そんな風に抵抗を持つ方もいらっしゃるかもしれません。しかし、これもまた一つの大きなチャンスとなりうるのです。

ＣＣＲＣの推進

　実際に、私たちが考えているのはもう少し夢のある話です。たとえば、壮年層の移住と関連して、地方創生総合戦略の中で重要な柱としているＣＣＲＣ構想。ＣＣＲＣとは、Continuing Care Retirement Community の頭文字を取った言葉で、訳せば「生涯活躍のまち」ということになります。日本版ＣＣＲＣ構想は、「東京圏をはじめとする高齢者が、自らの希望に応じて地方に移り住み、地域社会において健康でアクティブな生活を送るとともに、医療介護が必要な時には継続的なケアを受けることができるような地域づくり」を目指すもの、とされています。

「医療介護」「ケア」という言葉から「やっぱり姥捨て山なのでは」とお疑いになるかもしれませんが、そんなことはありません。もっと前向きな街づくりを構想していますし、実際に形になりつつあるのです。

　たとえば、ＣＣＲＣに近いものとしては、民間が作った「シェア金沢」という魅力的な街がすでに存在しています。金沢大学の近くの空いた土地を企業が活用して作った街で、サービス付き高齢者住宅の他に、病院、知的障がいを持つ児童のための施設、学生寮もあり、日用品の店、バー、クリーニング店、サッカー場、天然温泉等々、さまざまな施設や店舗があります。農園やドッグランに加えて、なぜかアルパカの牧場までありります。

街のことは住民で決める、というのが決まりなので、催し物や集会の運営については住民一人一人が主体的に関わることになっています。

大切なのは、それら施設や住む人たちが有機的につながっていることです。CCRC構想においては、高齢者は単に介護や治療を必要とする存在ではありません。もちろん、人間最後はそのようになるのかもしれませんが、入居段階では元気な高齢者が求められます。そこで仕事や社会活動、生涯学習に参加する人が求められています。ここでは「何かをしてもらう」だけの高齢者ではなく、「何かをする」高齢者を想定しているのです。

シェア金沢が大学に近接している点は、その意味でとても重要です。大学から先生を招いて学ぶこともできますし、何らかの知識や経験のある高齢者が若者にものを教えることもできます。

障がい者の存在もしかりです。高齢者のところで力仕事を手伝う代わりに、手作りのおやつでもてなしてもらう。そんな光景がここでは当たり前になっています。

老若男女が集まり、それぞれが時に世話やお節介を焼きながら、つながりを持って生活する。大切なことは話し合って決める。商店や病院など最低限の機能は街の中にある――このような街のイメージを聞くと、

「なーんだ、それって昔の日本の地方なんじゃないの」

と思われるかもしれません。その印象は間違いではありません。実際に、「シェア金沢」は、「かつての良き地域コミュニティを再生させます」と謳っています。

プラチナタウン

この例から、楡周平さんの『プラチナタウン』（祥伝社文庫）という小説を連想なさった方もいらっしゃるでしょう。実際に、とても良く似たイメージです。ドラマにもなったこの小説では、子育て世代と老人たちが共存する新しいタイプのコミュニティが描かれています。しかも、重要なのはそれがビジネスとしても成立している点です。エンタ

ーテイメントとしても非常に良く出来た小説なので、お勧めいたします。同書の刊行は二〇〇八年。そんな時期に、こうした街のアイディアを思いついていた、楡さんの先見性には心から感心しました。

実際に、元気なシニアを対象にしたユニークな取り組みは全国に広がっています。「ゆいま〜る那須」もその一つでしょう。高齢者がロングステイできる別荘のような建物に、食堂、図書室、音楽室などが併設されています。

これらはいずれも民間の試みですが、これからは国が自治体と共にモデル事業を推進していく地域もたくさん出てきます。

いきなり地方に移住するというのはハードルが高すぎるという声もあるので、それに対しては「二地域居住」、要するに「お試し移住」というアイディアも出ています。これは政府の「日本版CCRC構想有識者会議」のメンバーである産経新聞論説委員の河合雅司さんなどが提案しているものです。

大きなネックはコストでしょう。これについて河合さんは、二つの都市を行き来するのには交通費がかかりすぎるので、思い切って日本中どこに行くのでも鉄道は片道上限三千円にしてはどうだろうか、と大胆な提案をしています。実現は難しいでしょうが、交通費を安くすること自体は、移住を推し進める力になるかもしれません。

いつかは故郷で

五十五歳を過ぎたあたりからでしょうか、やたらと小・中学校の同窓会が開かれることが増えました。鳥取県で開かれるそういう場に顔を出すと、かつての友人たちが口々にこう言います。

「もうそろそろ帰ってこいよ」

「また一緒に何かやろうや」

「それもいいかもなあ」などと夢想することがあります。おそらく、私に限らずそんな経験をしている同世代の方も多いことでしょう。

しかし、ここで誰もが現実にぶち当たります。

一所懸命働いて、やっと手に入れたマイホームをどうすればいいのか。仕事をどうすればいいのか。いまさら帰ってメシが食えるのか。

こうした現実を考えると、身動きが取れない。そういう人がまだ多いのではないかと思います。

そうであるならば、この部分を解決することで、地方への移住者を増やすことは可能かもしれません。たとえば「マイホーム」を貸し出すことができて、家賃収入を得られるようになれば、地方での生活費はかなりカバーできます。もしも賃貸に転用するため、特に若い人に貸せるようにするためのリフォームにお金が必要だというのであれば、そうしたものに助成金を出すというのも一案でしょう。そうやって、家主が大都市圏から離れやすくする。

都市圏に所有している3LDKのマンションを月十五万円で貸すことができたらどうでしょう。十五万円は、地方ではかなり使い出があります。個人的な感覚では、物価などの差を考えれば、東京の十五万円は地方では三十万円分くらいの価値があるようにも思います。

そうした副収入があれば、地方に戻って、そう高い給料を得ることができなくても、かなり余裕のある生活ができるようになることでしょう。月収が二十万円くらいでも、プラスの家賃収入があれば三十万円は越えます。仮に実家が残っているのならば、家賃も要りません。

「地方では収入二十万円の仕事だって見つけるのは大変だ」

それならば、そういう仕事、環境を作っていきましょう。

現在、大都市圏に住んでいる地方出身者や地方移住希望者が、ある程度豊かな生活が送れるような環境を整備し、情報を提供していけば、単に人口が増えるというだけではなく、それぞれの地方でイノベーションを起こすことにもつながるはずです。

それは要介護の後期高齢者を地方に移住させる、というのとは本質的にまったく意味が異なります。

Uターン組が活力をもたらす

組織や地方を変えるのは「若者」「バカ者」「よそ者」だというお話はすでにしました。いったん大都市の生活を経験した働き盛りの人たちが地方に戻ってくることは、確実に地方を変える力になることでしょう。

「何かを変えるなんて、面倒臭い」

このような考え方の人が多ければ多いほどその地方は変わらないままで、ゆるやかに衰退していくわけです。

「いいんじゃないの。このままで。とりあえずそんなに困っているわけじゃないし」

こういう思考法で、個人が「小さな幸せ」を求めることは間違いではないでしょう。しかし、その「小さな幸せ」の総和が、「大きな不幸」を招いていて、それが限界を迎えつつある、という面もあるのではないでしょうか。

こうした状況を変えるには、人が入ってくるのが一番効果的だと私は考えています。Uターン組が、そんな役割を果たせれば素晴らしいことです。

もちろん、そんなにうまくいくのか、楽観的すぎないか、という見方はあるでしょう。しかし、最初に申し上げたように、すでに有事なのです。「できないかも」などと言っている暇があったら、少しでもできるように知恵を絞り、体を動かしたほうがいい、そんなところまで来ているのです。

「花の都で」は古い

先日、伊原木隆太岡山県知事とお目にかかった際に、興味深い話を聞きました。伊原木知事は、天満屋という百貨店の社長から県知事に転身したというキャリアの持ち主です。東京大学工学部卒で、スタンフォード大学への留学経験もある国際派でもあります。伊原木知事によると、海外には「最後は花の都で」という発想がない、とのことです。言われてみれば、これまでの日本は「最後は花の都で」という考え方が蔓延しすぎていたように思います。外国の方とお話をされて、そうした発想は欧米ではあまりないことに気付かれたそうです。

「偉くなっていずれはワシントンDCで」とか「ロンドンで一旗揚げよう」という考えの持ち主は、皆無とは言わないまでも、少数派だそうです。それよりも、都会のいい学校で学んで、その経験、知見を地方に帰って生かそう、と考えるほうが普通だと言うのです。

言われてみれば、おとぎ話にもそうした文化の違いが表れているように思います。「一寸法師」が典型でしょう。最後は京の都に行って「めでたしめでたし」となる。「金太郎」も山で相撲を取っていたら、将軍にスカウトされて、やはり都に行って出世して、「めでたしめでたし」。

この手の話が、ヨーロッパには無いのだそうです。

イソップ童話の「都会のネズミと田舎のネズミ」は「一寸法師」とは対照的です。田舎でのんびり暮らしているネズミに、都会のネズミが「都会のほうが面白いぜ」と誘う。行ってみたら確かに刺激は一杯あるのだが、目まぐるしくて危険な暮らしに辟易した田舎のネズミは「僕には田舎の方があっている」と帰ってしまう。アニメ化もされて、よく放送されていたので、ご存じの方も多いことでしょう。

メキシコの漁師

似たような話で、傑作だと思ったのは「メキシコの漁師」という寓話でした。原典は知らないのですが、アメリカでは有名なジョークだそうで、ネットでは広く流布されています。かいつまんでご紹介すると、次のような話です。

メキシコの田舎町にアメリカで成功したビジネスマンが旅行に行った。そこで地元の漁師に出会った。

漁師が手にしている活きのいい魚を見て、アメリカ人が尋ねた。

「いい魚ですね。一日にどのくらい働いているんですか」

　漁師は答えた。

「大して働いていないよ」

「じゃあ一日何しているんですか」

「大体、日が高くなるまで寝ていて、起きたら漁に出て、戻ったら子どもと遊んで、女房と昼寝する。夕方になれば友達と酒を飲んだり、ギターを弾いたり。それで夜になれば寝る。そんなところかな」

「それはもったいない。もっと働いて、たくさん魚を獲ればいいじゃないですか」

「それでどうするんだよ」

「自分で食べる分以外は売るんですよ。それでお金を貯めて、漁船を増やして人を雇う。さらに漁獲高は増えるから、今度はそこに付加価値をつければいい。水産加工の工場を建てて、商品を作るんです。そうやって会社が出来たら、都市に進出していく。最終的にはウォール街で株を上場することだって可能でしょう」

「そうなったらどうするんだ」

「会社を大きくして、ピークの時点で売却するんです。巨万の富を手に入れられますよ」

「それで?」

「そうなったらあとは悠々自適です。どこか好きな場所で、のんびりと寝て、気の向くままに船に乗り、子どもや奥さんと語らい、友人たちと酒を飲む」

そこで漁師はこう言った。

「そんな暮らしならもうやっているよ」

実によく出来た話です。これまで私たちはどうしてもこの起業家のような発想をベースにものを考えすぎていたのではないでしょうか。

「いつかは都で」を捨てる必要はありませんが、それだけを選択肢とすべきではありません。このような価値観の転換が必要であるように思います。

出生率を上げるための努力は続けますが、その効果が出るのはどんなに早くても二十年後、三十年後です。それまでの間にも、私たち日本人は、今までの価値観に縛られることなく、もっと多様な「人それぞれの幸せ」を求めるべきではないのでしょうか。地方での暮らしには、そういう大きな可能性があるのです。

12 「お任せ民主主義」との決別を

素朴な疑問に答える

本書を締めくくるにあたり、ここまでに触れられなかった話題について、地方創生に関連してよく寄せられる疑問に答えながら考えてみましょう。そのうえで、私なりの総論を述べます。

「普通の有権者が望んでいるのは、『まちおこし』のような大きなことではなく、『病院や介護施設がきちんとあって、買い物に不便を感じず、治安の良い町でいい』という程度のことではないでしょうか。『創生』などというと何だか大がかりな感じがしますが、国民の多くが望んでいるのは、『普通に住みやすいまち』ではないでしょうか」

たしかに「創生」というと、大きなことをイメージなさる方もいらっしゃるかとは思います。「再生」ではなく「創生」だということには「新しい日本を作ろう」というイメージを出そうという狙いがあります。ただし、結果としてはまさに質問にあるような町を作る、あるいは維持することを理想としているのです。

今までは経済は成長し、人口は増え、土地の値段が上がり……という前提で物を考えていたのですが、もうそれらは通用しません。

だから、ここまでに触れたコンパクトシティやCCRCのような動きを進めていく必要があるわけです。市や村の機能を集中させ、そこにある程度医療や介護の施設も集約していく。そうすることでコストを下げ、サービスを向上する。

そうでなければ、サステナブルなシステムは作れません。

経済成長は鈍化し、人口は減り、土地の値段が下がり……という状況が避けられない以上、何らかの手を打たなければ、今の「普通のまち」は維持できない。そのことが「地方創生」の前提です。

何もない地方なんてない

「ウチの地方には何もないから」

地方に行くと、そういった声を聞くことがあります。でも、それは本当にそうなのでしょうか。本当に「何もない」のでしょうか。

すでにご紹介した海士町も、地元の人が「何もない」と思っていたところを町長や住民の努力で魅力を掘り起こした好例でしょう。ロケーションは絶海の孤島のようなものです。飛行機も飛んだり飛ばなかったり。合併しないから交付税も減る一方。公共事業ももうやり尽くしたような状態。

それでも岩ガキの養殖や最新の冷凍技術の導入、あるいは島でしかできない教育をすることで、町は息を吹き返した。

「何もない」からだめだ、と思うのか、「何もない」ところから何かを作ろう、と考えるのか。これは大きな違いです。

そして、このことを考えるにあたって「あそこにはカリスマ町長がいたから」「ウチには「カリスマリーダーがいないから」で片づけるか、「自分たちにもできるはず」と考えるか、これもまた天と地ほど大きな違いがあると思います。

こうした話をしても、

「いや、そういう田舎は自然があるとか、過疎で追いつめられたとか、いろいろな事情があったから、思い切ったことができたんでしょう。でも、私の住んでいるところは普通の郊外のベッドタウンです。そこまで困っているわけでもないし、観光地になるはずもない。そういう『普通の町』はどうすればいいんですか」

と言う方もいます。実際に、そういう「普通の町」の方が多いかとも思います。

しかし、ここでもう一度思い出していただきたいのが、『地方消滅』で増田氏が提起した問題の本質部分です。あの論文の衝撃的だった点は、まさに「普通の町」がそう遠くない未来に消える可能性が高い、ということを示した点です。そして、本書でご紹介した長久手市は、そうならないように先手を打っているという点で、一つの道しるべになりうるのではないでしょうか。

決して、ここまでにご紹介した成功例を「特殊な田舎」の「特殊な話」とか「特別なリーダー」が導いた「特別な美談」のように受け止めないでいただきたいと思います。

「お任せ民主主義」からの脱却

長久手市以外にも、「普通の町」としての危機意識を持って政策を進めている事例はあります。

神奈川県秦野市では、市民に対して、財政の状況などを説明した上で、「新規のハコモノは建設しない」「機能更新の最優先は義務教育など自治体運営上、最重要機能だけ」「四十年かけてハコモノを三割削減」といった方針を定めたそうです。こうした取り組みに対して、住民の八割近くが理解を示しているとのことです（『地方消滅　創生戦略篇』増田寛也・冨山和彦著・中公新書）。

現状では、そう大きな差が無いように見える「普通の町」、普通の郊外ベッドタウンであっても、現在の取り組み如何では、今後大きな違いが生まれることでしょう。秦野市のような取り組みをしている地方は、何年か、何十年か先には「あの時にああやっておいて本当に良かった」と思う日が来るかもしれません。

逆に、いまだに「大きなハコモノを作ればいいだろう」といった発想を取っている自治体はやはり駄目になるでしょう。

秦野市のような自治体と、いまだにハコモノを作る発想から抜けない自治体とでは、将来は大きな差がついてしまうのは明らかです。後者は、一時的には大きな建物を建てて、景気が良い気分になれるかもしれませんが、そういう無駄なものがどうなったか。すでに墓標のような建物は全国にあるでしょう。

そういう無駄なことはやらないように、もっと国が指導力を発揮すべきだ、目を光らせるべきだ、という意見もあるかと思います。しかし、地方自治の精神を尊重すれば、基本的には住民、自治体で方向性を定めるべきだということになるのです。

自分たちの選んだ結果を自分たちで甘受しなければならない。これが民主主義の本質であると私は思うのです。

『地方は活性化するか否か（マンガでわかる「地方」のこれから）』（学研プラス）というマンガがあります。こばやしたけしさんという方が描かれているもので、とある人口減少著しい中規模の市で女子高生たちが地元の活性化について考え、行動の第一歩を踏み出すまでのストーリーなのですが、その中に鋭い指摘があります。「やりっぱなしの行政」「頼りっぱなしの民間」「全然関心なしの市民」が三位一体となると、なにも前に進まない、ということです。首長や議員も同じです。選んだらそれでおしまい、あとはお任せ、という「お任せ民主主義」からの脱却が必要なのではないでしょうか。

ユーカリが丘のヒント

千葉県佐倉市のユーカリが丘は、これからのベッドタウンを考える上では大きな示唆を与えてくれています。多くの郊外ベッドタウンでは、開発業者が売るだけ売ったら、あとは知らない、ということになりがちです。こういう町は、「ニュータウン」のはずがいつしか「オールドタウン」となって寂れていってしまう。

しかし、ユーカリが丘は、開発業者である「山万」の取り組みによって、他のいわゆる「ニュータウン」とは異なる発展を遂げています。たとえば山万は、建売を買ったものの、住民夫婦が高齢化して、二人で暮らすには広い、となった場合には、その戸建を会社側が購入して、駅近くのマンションを購入するところまで斡旋をする。一方で、古い戸建の方はリフォームをして若い夫婦が住みやすいようにする。「売ったらお終い」にはせずに、町にずっと関わり続けているのです。

山万は、一九七〇年代末の時点で、ユーカリが丘を販売するにあたって「環境にやさしい街づくり」を謳っていました。今ならばありふれたコンセプトに見えるかもしれませんが、当時としてはかなり先進的でした。さらに、その頃から住民の高齢化も視野に入れていました。そして、交通機関やホテルなども含め、住民にとって有益な設備を業者が整えていき、今でも関わり続けているのです（これについてご興味のある方は、『しなやかな日本列島のつくりかた』〈藻谷浩介対話集・新潮社〉をご覧ください。山万の嶋田哲夫氏の考え方がよくわかります）。

何も知らない人が、ユーカリが丘を見れば、単に他と変わらないような「普通のニュータウン」かもしれません。しかし、その住みやすさや持続性は他とは違うはずです。

勝ち組と負け組

「各自治体が前向きに、『創生』に取り組むこと自体は素晴らしいと思いますが、結局のところ自治体に『勝ち組』『負け組』を作ることになりませんか。またそうした動きを加速化する恐れはないのでしょうか」

確かに「勝ち組」「負け組」が結果的に生じることになるかもしれません。もちろん、すべての自治体が「勝ち組」になるということが望ましいのですが……。

これまで「国土の均衡ある発展」という理想の下に、様々な政策が進められていました。それは言い換えれば、あまり努力、工夫をしない地方であっても、「それなり」に「均衡ある発展」を享受できた、ということだったかもしれません。

これからはそうはいきません。努力をし、工夫をし、本当に議論をして、住民が能動的になった地方と、これまでと同じように何となくお任せをして、「誰かが何とかするだろう」という地方とでは、手にする果実の大きさが変わってくる可能性は十分にあります。それを「勝ち組」「負け組」と称するのであればそのような結果はある程度不可避であると思います。

しかし、ここで考えていただきたいのは、果たして民間企業で「勝ち組」「負け組」の存在があるから不公平だ、といった議論が起こり得るだろうか、ということです。そして、民間企業の場合に「トップは誰でもいい」などということがあり得るだろうか、ということです。もちろん、誰もが「そんなはずはない」と言うことでしょう。

だとすれば、同様の観点で、自治体の首長についても考えていただきたいということです。「誰でもいい」「知り合いに頼まれた」といった考えで選んでいいはずがありません。

結果として「負け組」が出ないのであれば、それに越したことはないでしょう。しかし、それは「努力してもしなくても一緒だね」ということでは断じてありません。

何度も言いますが、人口は減る、土地の値段は下がる、高齢化は進む、という非常時なのです。その時に最初から「勝ち組も負け組も作らない」という考え方は、一見、美しく響くかもしれませんが、ともすれば有害なものとなりうるのではないでしょうか。

努力ぬきで全員が幸せになれるようにしたい、という考え方は、結局は「全員一緒に沈みましょう」という傾向を強める方向に働くのです。

誤解されると困りますが、日本国憲法第二十五条にある「健康で文化的な最低限度の生活」を送ることはもちろん保障されています。それは国の責務です。医療や介護といった最低限の保障も、国が責任を持って行います。

しかし、そこから先については、地方の努力によって差が出ることも覚悟しなければならないと思います。

「『ちゃんとした首長を選べばいい』と言うけれども、どの候補者もろくなもんじゃない。だからこんな風になっているんじゃないか。正直言って、これなら、昔の『県令』のように中央から派遣されてくるほうがマシでは、という気もします」

首長の選び方

確かに「何でこんな市長がいるんだ」「なぜこの人が町長なんだ」といった例を耳にすることもあります。そういう人が選ばれた背景には「誰がなっても同じだから」といった有権者の気持ちもあるのでしょう。

しかし、誰がやっても同じのはずはありません。変な首長を選んだら、大変な目にあう、それが民主主義というものなのです。

先に少し触れた現在の夕張市長の鈴木直道氏は、もとは東京都の職員でした。出身は埼玉県ですから地元の人ではありません。夕張市との縁は、都の職員時代に出向して働いていたということだけです。二〇一一年、地盤も看板もない、無所属の鈴木氏が自・

公・みんな推薦の候補者を破って当選しました。当時は三十歳で、全国一若い市長でした。

市長に就任後は、自身の給与を大幅カットして、市営住宅に住みながら市の立て直しに全力で取り組んでいます。その取り組みは方々で高く評価されています。二〇一三年には、ダボス会議を開いている世界経済フォーラムが選ぶ「ヤング・グローバル・リーダーズ（YGL）」に選出されました。

鈴木市長のような人が当選したのは、夕張市が財政破綻という「大変な目」を見たからかもしれませんが、おそらく今、夕張市民は「いい人を選んだ」と実感しているのではないでしょうか。だからこそ二〇一五年、鈴木氏は再選を果たしたのだと思います。

私も実際に何度もお話しさせて頂いて、とても若々しく有能な首長であると感じています。

今はまだ「どの人でも同じ」という自治体も多いかもしれません。しかし、そうした状況はこれから変わっていくことと思います。

夕張市は、ある意味で日本の未来を先取りした自治体でした。そこで起こったことは全国どこでも起こりうることです。

ですから、地方創生推進交付金は、今までと同じように一律に配るようなことにはなっていません。それを得るのには、自治体の首長の才覚が必要です。先駆性のある取り組み、既存の交付金では対応できない取り組みに対しての交付金だからです。さらに単独の自治体ではなく、複数の自治体と連携して取り組むことも重要です。

こういう説明をきちんと読んでいるか。おそらく真剣に読んで、プランを練っている自治体もあれば、いい加減に読み流している自治体もあるでしょう。

いい加減な提案をしてくる自治体があれば、地方創生推進交付金は配分されません。そうしたら、その首長は議会で責任を追及されるかもしれない。

「なぜウチはこんなに少ないんだ。おかしいじゃないか」

こういうことが行われるようになれば、首長も安閑とはしていられないでしょう。いや、議会にチェック機能があるかどうかすら怪しい、と思う人もいるかもしれません。その場合には、住民側がチェックする必要があります。それに役立つデータを提供するのが、五〇ページでもご紹介した地域経済分析システム（ＲＥＳＡＳ）です。

これもまた、「お任せ民主主義」からの脱却、ということなのです。

議員削減の問題

「そもそも地方議員の数が多すぎるのではないでしょうか。税金を節約するのならばそこから始めればいいじゃないですか。夜間に議会をやることにしてボランティアでやればいいのでは」

平成の大合併等の効果もあって、定数は実際にかなり減ってきました。

夜間、あるいは休日に議会を開く、といったアイディアもよく聞きます。私はいいことではないかと思います。

しかし、そうした改革は国が主導してやるものではなく、地方自治の本旨に則り、住民の要求に基づいて行うべきものだと思います。議会も住民が選んでつくっていただくものです。何人の、どういう規模の、どういうシステムの議会にするかも、みなさんの選択で決められるべきものなのです。

地方議会の良いところは、大都会の議会に比べて、住民との距離が近いところです。

せっかくアクセスしやすいのですから、「どうせ役に立たない」「要らない」という前に、地方議員も大いに活用して頂きたいと思います。

持続性をどう担保するのか

「結局、『地方創生』という取り組みも政権が変わったらまたご破算になるのではないですか」


確かに内閣が変わったり、政権交代が行われたりすると、前の内閣の取り組みがおざなりになったり、立ち消えになったりすることがあります。

しかしすでに申し上げたように、この問題については与党、野党で対立し、政争の具にすべきではないはずです。人口減少を食い止め、地方を再生するためには、何とかここまで積み上げた取り組みを永続的なものにしたいものです。

一部の地方にはいまだに「国主導」を望むような依存体質があるようにも感じられます。簡単にいえば「お金をくれればいい」ということです。

これまでの首長は「お金をください。事業をつけてね。企業をくださいね」ということを中央でアピールするのが仕事だったという面は否定できません。

しかし、それでは立ち行かないようになっているのはここまでに述べてきた通りです。そもそも「国主導」か「地方主導」か、といった対立構造で考える必要は無いように思います。

お互いができることを目いっぱいやればいい。それだけのことです。二択である必要は無いのではないでしょうか。

メディアも、また一部の政治家も、一種の対立構造を作ることが好きです。しかし、そういうものから良い結果が生まれるとは思えません。結局、対立構造を作ると、その解消のために人的、時間的なものも含めて多大なコストがかかるからです。その分のロスが大きくなれば、前向きな方向に使える労力が減ってしまう。

これまでは、そういうロスを吸収できるような環境が日本にあったから、良かったのです。人口増、経済成長のおかげで、少々のロスは問題にならなかった。しかし、これからはそうはいきません。

私たちがやろうとしているのは、「地方のことは地方に任せたほうが上手くいく」という例をできるだけ増やして、それを常識としていくということです。

その意味では、政府の「地方創生担当大臣」などというものは、いささか矛盾した存在なのでしょう。理想はそんな大臣がいなくても、それぞれの地方がやる気を出して、自分たちで知恵を出して、常に盛り上げていくという状態だからです。

「あれこれ口を出さなくても、我々は我々で地元を活性化しているから心配いりません」

そうなるために仕事をしているわけで、つまりこんな肩書の大臣が不要となることが望ましい。今はあくまでも過渡期であって、こんな大臣が無用の存在になり、地方が自ら戦略を立て、ＰＤＣＡサイクルを回し、住民を幸せにしていける状況になればいいと思います。

面倒くさがる人たちの罪

ここまでにご紹介した多くの成功例、挑戦例は、言うまでもなくやる気のある人たちの力によって成し遂げられたものばかりです。もちろん、地方でも必ずしもやる気のある人ばかりではないでしょう。

「面倒くさい」

「そんなことやらなくても」

こういった反応が返ってくることは珍しくありません。

私自身、若い頃からあれこれ提案しては、反対されてきました。

「いいじゃない、今のままで」

地方に余裕があった頃はそれでもよかったのです。しかし、このまま何もしなければ地方は無くなってしまいます。

「無くなってもいいじゃないか」

そう考える人もいるのでしょう。

しかし、冒頭から申し上げている通り、人材やエネルギーや食糧を生産する地方がなくなって、それらを消費する大都市だけが残ることなどありえないのです。

まずはその考え方を変えなくてはいけないのではないでしょうか。

東京から帰ってきた人たちや、地元の志ある人たちが「あれをやってみよう」「これをやってみよう」と言ったら、それをきっかけに少しずつでも変えていくことが必要ではないでしょうか。

皮肉なことに、この数十年、「いいじゃないの今のままで」でやってきた地方のほうが、手つかずの分野や自然が多く残されているという面もあります。だから、怠けていた地方のほうが、目覚めれば大きく変われる可能性はある。

中途半端に都市化している地域よりも、そういうところのほうが伸びしろがあるという面もあるのかもしれません。

「低成長でもいい」「このままでいい」と言うほうが、なんとなくインテリっぽいし、文化的な匂いもするかもしれません。しかし、こういう考え方は実は若い人に対して、非常に残酷であることを自覚していただきたいと思います。

「あとは下り坂になるかもしれない。ツケはそちらに回しておく。よろしく」

それでいいはずがありません。

そして、この問題に率先して取り組むことは、国際的にも意味のあることだと考えています。少子化、超高齢化は先進国共通の悩みですが、中でも日本はそうした問題にもっとも早くぶつかっている最先端を走っている国です。

その課題に率先して取り組んで、解決策を見出していくことは、「課題先進国」としての日本が世界に果たすべき責任でもあるのではないでしょうか。原発事故以降、エネルギー問題に関して、「資源のない日本こそ、率先して再生可能エネルギー問題に取り組み、その先進国になるべきだ。それが日本の役割だ」という主張をよく耳にするようになりました。その論理でいけば、やはりこの少子化、高齢化に取り組むこともまた国際的に求められている日本の役割の一つであると考えられます。

今が最後のチャンス

さまざまな問題と、その対策について触れてきました。ここまでをお読みになった中には、「話はわかったが、それはもとをただせば、あんたたち、自民党のせいなんじゃないの」と言いたくなった方もいることでしょう。

言い訳をするつもりはありません。戦後、ほとんどの期間、政権与党にいたのは自民党です。日本の現状に関しての責任は私たち、自民党に大きな責任があります。

これはこの問題に限らず、安全保障しかり、エネルギー問題しかり、財政問題しかり、「面倒なことは先送り」としてきたツケなのだろうと考えています。

最近、話題となることが多くなった安全保障法制にしても、日本が独立を果たした時に、整備をすべきだったでしょう。また、その時に改憲もすべきだったのでしょう。それをようやく、進めようということになっています。

たしかに遅い。しかし、まだ完全に取り返しのつかないところにまでは来ていない。だから「遅きに失した」とならないようにしなければならないと考えています。

流れを変えるには、地方の力が必要になります。

個人と地方が自信とストーリーを持つ

地方がただ中央からの補助金をアテにしているといった、これまでのあり方では、国家自体が立ち行かなくなります。地方と、そこに住む人たちが自信を持ち、誇りを持ち、感動するストーリーを紡ぎながら、それぞれの地方を作っていく。その姿勢が今の日本には絶対に必要である、と私は考えています。

江戸時代に、徳川幕府が地方のために何かやってくれるというようなことはなかったはずです。そのおかげで地方に独自の文化、産業、教育が発展しました。

その頃に戻れなどと申すつもりはありません。しかし地方の自立ということをもう一度考えてみるべきではないでしょうか。

官と民のあり方、地方と中央のあり方、官と個人のあり方、そういうものを国民全体でもう一度考えてみる。

それによって、日本人が幸せになり、地方が豊かになり、日本国全体が豊かになっていく。

さまざまな問題を抱えているとはいえ、世界的に見ればまだまだ私たちは豊かさを享受し、平和な生活を送れています。

長い歴史や文化を誇り、しかもその伝統がいまだに息づいています。

素晴らしい自然も残っています。

先人たちが遺してくれたこの日本を素晴らしい形で将来世代にもつなぎ、残していくのは、今の時代の私たちの責任です。

石破　茂　1957（昭和32）年生まれ。鳥取県出身。慶應義塾大学法学部卒。1986年衆議院議員に当選し、防衛大臣、農林水産大臣、地方創生・国家戦略特別区域担当大臣等を歴任。著書に『国防』など。

Ⓢ新潮新書

712

日本《にほん》列島《れっとう》創生論《そうせいろん》
地方《ちほう》は国家《こっか》の希望《きぼう》なり

著　者　石破《いしば》　茂《しげる》

2017年４月20日　発行

発行者　佐　藤　隆　信

発行所　株式会社新潮社

〒162-8711　東京都新宿区矢来町71番地
編集部(03)3266-5430　読者係(03)3266-5111
http://www.shinchosha.co.jp

印刷所　株式会社光邦

製本所　憲専堂製本株式会社

ISBN978-4-10-610712-2　C0231

価格はカバーに表示してあります。

Ⓢ新潮新書

601 沖縄の不都合な真実　大久保潤　篠原章

「カネと利権」の構造を見据えない限り、基地問題は解決しない。政府と県の茶番劇、公務員の君臨、暮らしに喘ぐ人々、異論を封じる言論空間など語られざるタブーを炙り出す。

613 超訳 日本国憲法　池上彰

《努力しないと自由を失う》《働けるのに働かないのは違憲》《結婚に他人は口出しできない》《「戦争放棄」論争の元は11文字》……明解な池上版「全文訳」。一生役立つ「憲法の基礎知識」。

625 騙されてたまるか　調査報道の裏側　清水潔

桶川・足利事件の報道で社会を動かした記者が、白熱の逃亡犯追跡、殺人犯との対峙など、凄絶な現場でつかんだ〝真偽〟を見極める力とは？ 報道の原点を問う、記者人生の集大成。

633 大放言　百田尚樹

数々の物議を醸してきた著者が、ズレた若者、偏向したマスコミ、無能な政治家たちを縦横無尽にメッタ斬り！ 綺麗事ばかりの世に一石を投じる、渾身の書下ろし論考集。

642 毛沢東　日本軍と共謀した男　遠藤誉

「私は皇軍に感謝している」——。日中戦争の時期、毛沢東の基本戦略は、日本と共謀して蔣介石の国民党を潰すことだった。中国共産党が決して触れない「建国の父」の不都合な真実。